Emil Steffenhagen

Die Entwicklung der Landrechtsglosse des Sachsenspiegels

Emil Steffenhagen

Die Entwicklung der Landrechtsglosse des Sachsenspiegels

ISBN/EAN: 9783744637015

Hergestellt in Europa, USA, Kanada, Australien, Japan

Cover: Foto ©ninafisch / pixelio.de

Weitere Bücher finden Sie auf **www.hansebooks.com**

DIE ENTWICKLUNG

DER

LANDRECHTSGLOSSE

DES

SACHSENSPIEGELS.

VON

DR EMIL STEFFENHAGEN.

OBERBIBLIOTHEKAR IN KIEL.

V.

DIE BOCKSDORF'SCHEN ADDITIONEN.

WIEN, 1885.

IN COMMISSION BEI CARL GEROLD'S SOHN

BUCHHÄNDLER DER KAIS. AKADEMIE DER WISSENSCHAFTEN.

Aus dem Jahrgange 1885 der Sitzungsberichte der phil.-hist. Classe der kais. Akademie
der Wissenschaften (CX. Bd., II. Hft., S. 219) besonders abgedruckt

Druck von Adolf Holzhausen in Wien,
k. k. Hof- und Universitäts-Buchdrucker.

Die Drucke des glossierten Sachsenspiegels, ‚den der ehrwürdige in Gott Vater und Herr, Theodericus von Bockstorf,[1] Bischof zu Naumburg, Seliger, gecorrigieret hat', vom Jahre 1474 bis 1501[2] enthalten ‚Additionen' zu Text und Glosse, welchen der Charakter einer Glossierung beiwohnt und die daher in der Entwicklungsgeschichte der Sachsenspiegelglosse berücksichtigt werden müssen. Ihre Ueberlieferung war bisher sehr ungenügend bekannt. Man kannte sie fast nur aus den Drucken und auch diese nicht vollständig. Dass der Recension der Bocksdorf'schen Drucke eine andere, davon unabhängige gegenübertritt, dass wir zwei verschiedene gedruckte Formen auseinanderzuhalten haben, war nicht bekannt. Die Kenntniss der handschriftlichen Ueberlieferung beschränkte sich auf ein paar beiläufige und in der Hauptsache unzutreffende Angaben Homeyer's.[3] Gänzlich un-

---

[1] Die Literatur über ihn siehe in den Sitzungsberichten XCVIII, 58, N. 2. 1881 und über seine Glosse ebenda CI, 766, 775, 787 ff., 794 ff., 803 f. 1882.

[2] Homeyer, Genealogie, S. 135 f. Nietzsche, Allgemeine Literatur-Zeitung 1827, III, 713 ff.

[3] Homeyer, Sachsenspiegel, 3. Ausg., S. 75* und Klenkok (in den Philologischen und historischen Abhandlungen der Berliner Akademie 1855), S. 406 f.

bekannt war die nahe Beziehung der Additionen zur Stendaler Landrechtsglosse. Für die Kritik der Glosse selbst ist von Wichtigkeit, dass die Additionen auch in Gestalt von Interpolationen überliefert sind, so dass wir ohne genaue Kenntniss jener uns über den Charakter dieser keine Klarheit verschaffen können. So ist die Bearbeitung der Additionen zugleich eine wesentliche Vorarbeit für die kritische Behandlung der Glosse. Es wird deshalb unerlässlich sein, die gedruckte Ueberlieferung voll, die handschriftliche wenigstens in ihren wichtigeren Bestandtheilen vor Augen zu führen, um die Erörterung der sich daran knüpfenden Fragen zu belegen.

1. Wir zählen unter den Bocksdorf'schen Drucken nur einen Primärdruck, Basel 1474; auf ihm beruhen acht abgeleitete Ausgaben, Augsburg 1481, 1482, 1484, ohne Ort und Jahr, Stendal 1488, Leipzig 1490, Augsburg 1496 und 1501.[1] Ein zweiter Primärdruck, Leipzig 1488, folgt zwar ‚in Lesarten des Textes, der Glosse und in der Zählung der Artikel' nicht der Bocksdorf'schen Recension,[2] bietet aber ausser der Bocksdorf'schen Glosse zu den Schlussartikeln III, 88 bis 91 auch die Additionen.[3] Aus ihm soll die Kölner Ausgabe von 1492 geflossen sein.[4]

Während in dem Baseler (ältesten) Primärdruck die *Addiciones* ohne Bezeichnung als Bocksdorfische erscheinen,[5] giebt ihnen der Leipziger Primärdruck die Ueberschrift:[6]

Dyt fin de additiones, vp den | faffenfpygel ghefettet van | dem Erwerdighen In god | vader vnd hern, hern Theo-

---

[1] Ueber das Abstammungsverhältniss siehe ausser Nietzsche a. a. O. Sp. 719 f. besonders Homeyer, Sachsenspiegel, 3. Ausg., S. 76 f., 80.
[2] Homeyer, Genealogie, S. 137.
[3] Homeyer, Sachsenspiegel, 3. Ausg., S. 74 f.
[4] So nach Dreyer, Beyträge zur Litteratur und Geschichte des deutschen Rechts. Lübeck und Leipzig (1783). 4⁰. S. 112, Nr. XIII auf Grund einer brieflichen Nachricht des ‚Holsteinischen Rechtsgelehrten' Joachim Friccius vom Jahre 1739. Homeyer l. c., S. 69, 78, 80. Ebert (Bibliographisches Lexikon, Nr. 19718. II, 673. 1830) notiert hinter der Leipziger Ausgabe die Kölner als ‚Nachdruck der vorigen'; ob nach Autopsie?
[5] Homeyer a. a. O., S. 74.
[6] Vgl. Homeyer l. c., S. 75.

dri]cus von Bockßdorff, hyffcop thor Nuen|borch, dede¹ fignert fyn na dem tert en[de der glofen, worme fe rynden fchal,

nennt also ausdrücklich Dietrich von Bocksdorf als Verfasser.

Die beiden Augsburger Ausgaben von 1496 und 1501 bezeichnen die Additionen auf dem Titelblatte kurzweg als Bocksdorfische:

Hye hebt fich an der fa|chffenfpiegel mitfampt den cautelen vnd addi]cionibus bockftorff²

und ebenso in der Schlussschrift:

Hye endet fich der fachffenpiegel (so!) | mit fampt den cautelen vnd additio-[bus (so!) Bockftorff u. s. w.

In den beiden Primärdrucken stehen die Additionen für sich am Schlusse und in dem Baseler mit einem Eingange, wonach sie *hyn vnd her in deme fachfenfpigel efwendig des textis vnd der glofen foltent gefchreben ftehen*. Sie waren also ursprünglich Randglossen. Von den abgeleiteten Ausgaben setzt sie bereits die Leipziger von 1490 ‚theilweise gehörigen Orts an den Rand oder in den Text' und lässt sie am Schlusse fort.³ In den späteren Ausgaben seit 1501 geschieht das allgemein.⁴

Von dem Baseler Primärdruck (B) weicht der Leipziger (L) sowohl in der äusseren Einrichtung, als auch hinsichtlich der Vollzähligkeit und im Inhalt ab. Er hat jenen Eingang nicht. Die Stichworte des Textes und der Glosse, zu welchen die einzelnen Additionen gehören, schliesst er nicht in runde Klammern ein, sondern er markiert sie durch die Zahlen der Artikel mit dem Zusatz *in textu* oder dem Hinweis *in glo[fa]*.

---

[1] *dede*, verstärktes Relativum, ‚der da', ‚die da'. in den Additionen des Leipziger Drucks öfter gebraucht (vgl. z. B. Anhang 1, S. 281, N. 17). Schiller und Lübben, Mittelniederdeutsches Wörterbuch 1, 492, 1875. voc. *de*.

[2] So lautet der Titel der Ausgabe von 1496. Nietzsche (Sp. 715, Nr. 154) bemerkt von ihr irrig: ‚ohne Aufschrift'. Vgl. Homeyer, Richtsteig Landrechts, S. 25 zu Nr. 8.

[3] Homeyer, Sachsenspiegel, 3. Ausg., S. 75*, 77.

[4] Ueber die Zobel'sche Ausgabe von 1535 siehe Homeyer a. a. O., S. 79 und unten §. 7.

Die Sachsenspiegel-Citate in den Additionen sind gemäss der besonderen Artikeleintheilung des Leipziger Drucks (Homeyer, Genealogie, S. 188 ff.) geändert. Was die Vollzähligkeit betrifft, so giebt der Leipziger Druck theils mehr (21), theils weniger (91). Mehr
im I. Buche die Additionen L, 2, 7, 14, 15 (statt B, 16), 46, 56 bis 59, 69, 71, 73 (statt B, 94), 74, 75, 80, 82 (Summe 16); im II. Buche L, 3, 4, 11 (Summe 3); im III. Buche L, 6, 7 (Summe 2);
zusammen 21. Einmal hat L statt der verkürzten und corrumpierten Fassung des Baseler Drucks (B, 26 im I. Buche) den ursprünglichen Wortlaut bewahrt (Anhang 1, S. 257 mit N. 18), einmal die vollständigere Form (L, 16 im II. Buche). Eine Addition (B, 86 im I. Buche) trennt L in zwei, was jedoch bei der Zählung besser unberücksichtigt bleibt.
Andererseits ermangelt L der Additionen
B, 7, 13 bis 16, 22, 40, 45, 48, 51, 58, 62 bis 68, 70, 71, 78, 79, 81, 82, 84, 85, 87 bis 92, 94 bis 104, 106, 107, 112 bis 114, 116, 118 bis 120 im I. Buche (Summe 52); B, 2, 4 bis 6, 8, 12 bis 15, 18, 19, 21, 23 bis 28, 30 bis 32, 37, 38 im II. Buche (Summe 23); B, 2, 4 bis 6, 8, 10, 11, 13 bis 21 im III. Buche (Summe 16);
zusammen 91. Im Ganzen begreift
der Leipziger Druck 84, 18, 7
der Baseler Druck 120, 38, 21
Additionen in den drei Büchern.[1] Folglich bleibt L (109) hinter der Gesammtzahl der Additionen in B (179) um 70 zurück. Auch die Wortfassung ist in beiden Primärdrucken eine abweichende. Sie repräsentieren mithin zwei verschiedene, von einander unabhängige Recensionen der Additionen.

Rechnen wir den Bestand beider Recensionen, soweit sie sich nicht decken, zusammen, so beläuft sich die Summe der gedruckten Additionen auf 179 (B) + 21 (L mehr) = 200. Davon besitzen B und L gemeinschaftlich 88, B singulär 91, L singulär 21. Nachstehende Tabelle wird die Zahlenverhältnisse verdeutlichen.

---

[1] Homeyer (Sachsenspiegel, 3. Ausg., S. 75*) begnügt sich mit der Bemerkung, der Leipziger Druck zähle „zum dritten Buche nur 7 Additionen statt der 21 im (Baseler) Drucke".

	Anzahl der Additionen		Davon		Gesammtzahl
	B	L	BL	B	L
						B + L
I. Buch .	120	84	68	52	16	136
II. Buch .	38	18	15	23	3	41
III. Buch .	21	7	5	16	2	23
Zusammen .	179	109	88	91	21	200

2. Die Additionen kommen auch handschriftlich vor. Schon Homeyer hat darauf hingewiesen, dass ‚unter den Handschriften der Bocksdorf'schen Recension in der ihm zugehörigen von 1460 (jetzt im Besitze der Berliner Universitäts-Bibliothek)[1] die beiden ersten Additionen (des Baseler Drucks) am Rande zugeschrieben' seien, ‚ausserdem aber noch manche andere im Druck fehlende Marginalnoten'.[2] Diese Angabe ist zunächst dahin zu vervollständigen, dass nicht bloss ‚die beiden ersten Additionen' und nicht bloss die des Baseler Drucks, sondern über die Hälfte von den Additionen beider Primärdrucke sich in der Homeyer'schen Handschrift vorfinden.

Im Vergleich zum Baseler Druck fehlen ihr im I. Buche die Additionen B, 7, 14, 16, 20, 22 bis 24, 27, 28, 30, 31, 33 bis 35, 40, 41, 45, 48, 50 bis 52, 57, 58, 60, 62 bis 68, 70, 73, 76, 81, 84, 88, 90 bis 92, 94 bis 96, 98, 99, 102, 104, 106, 107, 112 bis 114, 116, 119 (Summe 54); im II. Buche B, 2, 4 bis 7, 12 bis 15, 18, 19, 21, 23, 24, 26 bis 28, 32, 36, 37 (Summe 20); im III. Buche B, 2, 4 bis 6, 8, 10, 11, 13 bis 16, 18 (Summe 12); zusammen 86. Von den 179 Additionen des Baseler Drucks sind demnach 93 in der Homeyer'schen Handschrift vorhanden. Dabei tritt für B, 26 im I. Buche wie in L der ursprüngliche Wortlaut ein. Zu den vorhandenen hat der Baseler Druck

---

[1] Vgl. Sitzungsberichte CI, 756 nebst N. 5.
[2] Homeyer, Sachsenspiegel, 3. Ausg., S. 75*. Von letzteren sind mehrere in dem mir vorliegenden Kieler Exemplar der abgeleiteten Augsburger Ausgabe von 1496 (Sitzungsberichte CI, 756 mit N. 4) von späterer Hand nachgetragen.

längere Zuthaten bei I, 16, 32, 41, 67 = B, 15, 42, 55, 93; bei II, 7, 12 = B, 9, 17; bei III, 3 = B, 7. Ausführlicher, als in der Homeyer'schen Handschrift lauten im Drucke die beiden Additionen B, 43 und B, 72; abweichend die beiden Additionen B, 12 und B, 54 im I. Buche. Einmal erscheint im Basler Druck statt der deutschen die lateinische Fassung (B, 78 im I. Buche).

Die dem Leipziger Primärdruck eigenthümlichen Additionen hat die Homeyer'sche Handschrift sämmtlich, wenngleich L, 2 im I. Buche anders gefasst; L, 69 im I. und L, 3, 16 im II. Buche in vollerer Gestalt. Insgesammt theilt sie mit L 90 von 109, mit B + L 114 von 200 Additionen. In denjenigen Additionen, welche beiden Primärdrucken gemeinsam sind, nähert sich die Homeyer'sche Handschrift mehr der Fassung von B, als von L, während sie dem Wortlaut der singulären Stücke in L selbständig gegenübersteht.

In tabellarischer Form ausgedrückt, gestaltet sich das Verhältniss der Homeyer'schen Handschrift (H) zu den beiden Primärdrucken folgendermassen.

	I. Buch	II. Buch	III. Buch	Zusammen
Anzahl der Additionen in B	120	38	21	179
L	84	18	7	109
Davon a) gemeinsam in H B	66	18	9	93
H L	67	16	7	90
H B L	52	13	5	70
b) in H fehlend aus B	54	20	12	86
L	17	2		19
B L	17	2		19
Gesammtzahl in B + L	136	41	23	200
Davon a) in H vorhanden	82	21	11	114
b) in H fehlend	54	20	12	86

Homeyer erklärt es ferner für unentschieden, ob die Additionen seiner Handschrift ‚schon gleich im Jahre 1460 geschrieben, oder erst später aus einem Drucke hinzugefügt sind.' Mit Unrecht. Die diplomatische Prüfung der Schriftzüge ergiebt, dass die Additionen von demselben Schreiber (*Nicolaus Röber de pirnis*) und gleichzeitig mit Text und Glosse am Rande hinzugethan sind. Aus ‚einem Drucke' können sie schon deshalb nicht entlehnt sein, weil sie weit zahlreicher und zum Theil ausführlicher sind, als die gedruckten Formen. Aber auch deshalb nicht, weil die Drucke selbst, wenigstens der Baseler mit seinen Nachkommen, wie oben (§. 1, S. 221) gesagt, im Eingange auf eine ‚geschriebene' Vorlage hindeuten, in der die Additionen nicht am Schlusse zusammengestellt waren, sondern ‚hin und her' ‚auswendig des Textes und der Glosse' standen. Es ist evident, dass umgekehrt die Drucke ihre Additionen aus Handschriften geschöpft haben.

3. Unter den Handschriften der Bocksdorf'schen Recension[1] ist die Homeyer'sche nicht die einzige für die Additionen in Betracht zu ziehende. Ihr treten zur Seite ihre beiden Schwesterhandschriften, welche von demselben Schreiber angefertigt sind, die Dresdener vom gleichen Jahre und Tage und die älteste datierte, Quedlinburger von 1454 (Homeyer, Nr. 171 und 577).[2]

1) Die Dresdener (D), *MS. Fol. 14* der Prinzlichen Secundogenitur-Bibliothek,[3] vorher Rittmeister von Burkersroda zu Burghessler (in Thüringen),[4] Papier, 1460 *am Sonnabende nach Epiphanie domini*, gr. Folio, von Homeyer nicht benutzt, stimmt in Text und Glosse Spalte für Spalte, Zeile für Zeile, Wort für Wort, ja Buchstabe für Buchstabe mit der Homeyer'schen Handschrift. Sogar die gemalten grossen Initialen am Anfang der drei Bücher und ihrer Register zeigen die gleiche Ausführung. Die Additionen am Rande sind nach Stellung,

[1] Vgl. über dieselben Homeyer, Genealogie, S. 136, 137 und Sachsenspiegel, 3. Ausg., S. 41.
[2] Sitzungsberichte CI, 756, N. 5.
[3] Ausführlich beschrieben von Julius Petzholdt, Catalogi bibliothecae secundi generis principalis Dresdensis Spec. III. Lipsiae 1840. 8°. p. 6 ff., mit einem schönen Facsimile, welches auch die Additionen veranschaulicht. Vgl. Anhang 1, Nr. 67 im 1. Buche.
[4] Homeyer, Verzeichniss deutscher Rechtsbücher. Berlin 1836. S. 32, Nr. 65. Verzeichniss der von Adolph Samson von Burkersroda hinterlassenen Büchersammlung. Leipzig 1839. 8°. S. 21, Nr. 409.

Zahl und Wortlaut beiden Handschriften gemeinsam. Die Fehler und Sinnlosigkeiten der Dresdener Handschrift giebt die Homeyer'sche unverbessert und sclavisch getreu wieder. Sie entstellt aber ihre Vorlage durch Auslassung einzelner Worte oder Silben und durch Schreibfehler. Danach kann es keinem Zweifel unterliegen, dass die Homeyer'sche Handschrift aus der Dresdener abgeschrieben ist, und dass hier, sozusagen, zwei identische Ausfertigungen eines und desselben Schreibers vorliegen, von denen die Dresdener Handschrift die correctere, stattlichere und schöner geschriebene ist.

Uebrigens wurden beide Exemplare wohl für einen Auftraggeber ausgefertigt, oder befanden sich zeitweise wenigstens in einer Hand. Das beweisen drei kurze Marginalnoten mit der Jahreszahl 1525. welche beiden Exemplaren an denselben Stellen am Rande der Glosse zu III, 44 und von derselben Hand gleichlautend beigeschrieben sind. Auf spätere Identität des Besitzers weist, dass beiden Exemplaren vorn und hinten dasselbe Bibliothekzeichen und dasselbe Wappen eingeklebt ist.

2) Die zweite, ältere Schwesterhandschrift (Q), in der Stadtbibliothek zu Quedlinburg (ohne Nummer),[1] Papier, 1454, gr. Folio, zeichnet sich dadurch aus, dass sie auch das Lehnrecht und dessen Glosse mit Additionen (,Randnoten') versehen hat. Sie enthält ausser dem Lehnrecht mit der ,längeren' Glosse das Landrecht mit der Glosse der Bocksdorfschen Recension, das Schlussgedicht *GOt in deme Reiche*,[2] und die glossierte Weichbildvulgata in 135 Artikeln (wie bei Daniels). Das erste Blatt, zu Zepernick's Zeit vorhanden,[3] mit dem Prooemium zur Lehnrechtsglosse und dem Anfang des Lehn-

---

[1] Tob. Eckhard, Codices manuscripti Quedlinburgenses. Quedlinburgi 1723. 4⁰. p. 53 f., Nr. CXI (mit falscher Jahresangabe: 1497; s. Nietzsche, Allgemeine Literatur-Zeitung 1827, III, 709*). G. Chr. Voigt, Geschichte des Stifts Quedlinburg. Leipzig 1785. 8⁰. I, 391 f., 393 nebst Facsimile in Beilage 2. Zepernick, Nachrichten von den Handschriften des sächsischen Lehnrechts. Halle 1791. S. 87 ff. Homeyer, Sachsenspiegel II, 1, S. 32, 66, 74, 77, 78.

[2] Homeyer, Sachsenspiegel, 3. Ausg., S. 63, VII. Unsere Handschrift ist daselbst nachzutragen, ebenso eine zweite und eine dritte (Homeyer, Nr. 261 und 287). Davon gehört Nr. 287 nicht zur Bocksdorf'schen Recension. Ueber Nr. 261 vgl. unten §. 4, Nr. 3.

[3] Siehe dessen Nachrichten, S. 89.

rechtstextes, ist beim Neubinden verloren gegangen. Der Schreiber hat seinen Namen *(Nicolaus Rober de pirnis)* am Ende des Lehnrechts und die Zeit der Abschrift hinter jedem der drei Hauptstücke angegeben: *Anno etc. liiij°, fferia tercia ante palmarum — Anno domini M° cccc° liiij°, In vigilia Jacobi apoftoli hora rj — Am fonnabende vor fente Michels tage, In deme vier vnde funffczigiften Jare.*[1]

Auch hier sind die Additionen von vornherein und von demselben Schreiber am Rande oder auf eingeklebten Zetteln beigefügt. Das gilt ebenso von den lehnrechtlichen Additionen, wie von denen zum Landrecht. Die Behauptung Homeyer's, dass ‚jenes eigenthümliche Mehr‘ zum Lehnrecht ‚als später hinzugefügtes auftritt‘,[2] ist für die Quedlinburger Handschrift abzulehnen.

Ueber die lehnrechtlichen Additionen behalte ich mir eine gesonderte Darlegung vor.[3] Für jetzt sei im vorliegenden Zusammenhange nur so viel bemerkt, dass sie denselben Verfasser haben, wie die zum Landrecht, da letztere an zwei Stellen des I. Buches auf sie Bezug nehmen. So heisst es am Schlusse der Addition zu I, 21, §. 1 ‚*gloube*‘ (Anhang 1, Nr. 43):

de hoc vide lehnr. c. xxxi in margine,

zu welcher Stelle des Lehnrechtstextes die Quedlinburger Handschrift in der That die citierte Randbemerkung hat. Die gleiche Randbemerkung ist es, welche am Ende der Addition zu I. 52, §. 1 *‚funder erben gloube‘* (Anhang 1, Nr. 71) angeführt wird:[4]

vide lehnrecht c. xxxi in margine in addicionibus.

Die Additionen der Quedlinburger Handschrift zum Landrecht, von Homeyer nicht berücksichtigt, reichen über das I. Buch nicht hinaus. Dabei sind sie weit weniger zahlreich,

---

[1] Die drei Schlussschriften sind vollständig, wenngleich incorrect abgedruckt bei Zepernick, S. 88 f. Voigt, der bloss die letzte Schlussschrift sah, ergänzt die Jahreszahl nach den Schriftzügen um ein Jahrhundert zu früh (1354).
[2] Homeyer, Sachsenspiegel II, 1, S. 77 mit S. 74.
[3] Vgl. auch unten §. 9, S. 213 nebst N. 5.
[4] In der Quedlinburger Handschrift fehlt obige Addition. Sie steht aber in der Dresdener Handschrift.

als in der Dresdener Handschrift. Von den im Anhang 1 mitgetheilten Additionen der letzteren vermissen wir die Stücke 3, 9, 15, 17, 18, 21 bis 24, 26, 30, 33, 35, 39 bis 42, 44 bis 46, 48, 51, 55 bis 64, 71 (oben N. 4 zur vorigen Seite), 74 bis 76, 80, 83 bis 87 (zusammen 42 von 87). Dazu kommen 6 von den abundierenden Stücken der Drucke: B, 20, 23, 52, 104 (theilweise), 106, 112, so dass die Summe der handschriftlich vertretenen gedruckten Additionen von 114 auf 120 steigt. Mit B, 112 schliesst die Quedlinburger Handschrift. Hinsichtlich der Form der Ueberlieferung geht sie mit der Dresdener auf eine Urquelle zurück. Sie theilt deren Fehler und Lücken, die sie noch vermehrt, bietet aber auch abweichende Lesarten und ist stellenweise correcter.

4. Von den übrigen Handschriften der Bocksdorf'schen Recension sind zu beachten die **Görlitzer** von 1470 (Nr. 261), die **Leipziger** von 1461 (Nr. 377), die **Sondershausener** von 1475 (Nr. 626), und die **Wolfenbüttel-Gude'sche** (Nr. 700). Es scheiden aus, weil ohne Additionen, die **Breslau-Saganer** Handschrift von 1462 (Nr. 82), die undatierte **Quedlinburger** aus dem XV. Jahrhundert (Nr. 579), und die **Zwickauer** vom Jahre 1472 (Nr. 736).

1) Die **Wolfenbütteler** Handschrift (W), *Cod. Gud. Lat. 4* der Herzoglichen Bibliothek, vorher Marquard Gude,[1] Papier, XV. Jahrhundert, gr. Folio, führt die Additionen am weitesten (zum Text des Sachsenspiegels bis III, 88, §. 5; zur Glosse bis III, 87). Sie hat die Eigenthümlichkeit, dass sie die Additionen zwar meistens an den Rand verweist, aber im I. und II. Buche auch der **Glosse** und **nur** der Glosse als **Interpolationen** einfügt. Der Kürze wegen bezeichne ich ihre eingeschalteten Additionen zum Unterschiede von den Randnoten durch I. Für die am Rande befindlichen Additionen ist verschiedentlich von Hause aus Platz gelassen, da sie in den Raum von Text und Glosse hineingeschrieben sind. Die Gleichzeitigkeit der Niederschrift derselben mit der von Text und Glosse wird dadurch über jeden Zweifel erhoben.

---

[1] Bibliotheca ... a Marquardo Gudio congesta. Kilonii (1706). 4°. p. 550, Nr. 65 unter der irrigen Bezeichnung ‚Weich-Bildt‘, die von neuerer Hand auch auf der Kehrseite des zweiten, leeren Blattes eingetragen ist.

Mit der Dresdener Handschrift hat die Wolfenbütteler gemeinsam von den Stücken des Anhangs 1:

im I. Buche 2 bis 4, 6 bis 14, 16, 18, 19, 22, 26 (I), 27, 28, 30 bis 32, 33 (in der ausführlicheren Form der beiden Primärdrucke), 34 bis 42, 44 bis 51, 52 (in der ausführlicheren Fassung des Baseler Primärdrucks), 53 bis 55, 60, 61 (theilweise), 62 bis 65, 67, 68, 70, 73, 78 bis 82, 84 (Summe 60);

im II. Buche 1 bis 5, 7, 8, 10, 11, 13, 15, 18, 20 (wie im Baseler Primärdruck an die Glosse zu II, 41 angehängt), 22, 24 (Summe 15);

im III. Buche 1 bis 9, 11, 12, 14 (Summe 12); zusammen 87 von 126.

Die abundierenden Stücke der Drucke, welche in D fehlen, sind in W am zahlreichsten vorhanden. Ausser den Zuthaten des Baseler Primärdrucks zu Addition I, 41, 67 und zu Addition III, 3 kennt W:

B, 14, 16 (I), 20, 22, 23 (I), 27, 28 (I), 30 (I), 31, 33 bis 35, 41 (I), 45, 50 (I), 51 (I), 57, 58 (Glossenstück), 60, 63, 64 (I), 65 (I), 68 (I), 70 (I), 73, 76, 84 (I), 88, 91, 94 bis 96, 99, 102, 112, 119 im I. Buche (Summe 36);
B, 23, 24 (I), 27 im II. Buche (Summe 3);
B, 2, 4 bis 6, 8, 13 bis 15 im III. Buche (Summe 8); zusammen 47 von 86. Nur 3 von den 47 (B, 20, 23, 112 im I. Buche) theilt W mit der Quedlinburger Handschrift (§. 3, Nr. 2, Alin. 4). Die übrigen 44 treten neu hinzu und vermehren die Anzahl der handschriftlich beglaubigten Additionen der Drucke von 120 auf 164.

Die Leseweise stimmt mehr mit dem Baseler Primärdruck, als mit D oder L. Gleichwohl kann die Wolfenbütteler Handschrift aus B nicht abgeschrieben sein, weil sie gegenüber B durch selbständige und bessere Lesarten ausgezeichnet ist.

Ihr Entstehungsort ist Leipzig. Darauf deutet, dass sie in der Glosse zu I, 25 über den Ort einer gelobten Zahlung Halle und Leipzig statt Magdeburg und Frankfurt substituiert:

Alfo globit eyner czu halle czu gebin x marck, er darff fie czu leypczk nicht gebin u. s. w.

2) Die Sondershausener Handschrift (S), in der Bibliothek der Stadtkirche 235,[1] Papier, 1475[2] *quarta feria ante festum Calixti*, gr. Folio, ist neben der Dresdener die vollständigste und eine Schwesterhandschrift der vorigen. Wie die Wolfenbütteler, stellt sie die Additionen bald an den Rand, bald in die Glosse (I); nicht minder trifft sie mit W nach Wortlaut und Vollzähligkeit zusammen. Sie weicht nur darin ab, dass sie vor W von den Additionen der Dresdener Handschrift (Anhang 1) und von den abundierenden Stücken der Drucke voraus hat:

im I. Buche 1, 5 (I), 29, 56 (lateinisch, wie im Baseler Primärdruck), 58 (am Rande und wiederholt in der Glosse), 74, 76, 77 (hinter B, 106 gestellt, wie in Q), 83, 85 bis 87 und B, 7, 40 (I), 67 (I), 104 (theilweise, wie Q), 106, 107 (Summe mehr $12 + 6 = 18$);

im II. Buche 12, 17, 19, 23 (ohne Alin. 2), 25 und B, 26, 28 (Summe mehr $5 + 2 = 7$).

Auf der anderen Seite entbehrt S im Vergleich zu W der Additionen:

63 (obwohl das Stichwort im Text markiert ist),[3] 73 und B, 20, 34, 68, 84 im I. Buche (Summe weniger $2 + 4 = 6$); 8, 9, 12, 14 und B, 2, 4 bis 6, 8 im III. Buche (Summe weniger $4 + 5 = 9$).

Demgemäss zählt S in den drei Büchern von den Additionen der Dresdener Handschrift 70, 20, 8 und von den abundierenden Stücken der Drucke 38, 5, 3. B, 40, 107 im I. Buche und B, 26, 28 im II. Buche sind S eigenthümlich, wodurch die handschriftlich belegten Additionen der Drucke einen Zuwachs um 4 bekommen von 164 auf 168.

Die letzte (singuläre) Addition in W (zu III, 88, §. 5) übergeht S, desgleichen die singuläre Randnote zu I, 24, §. 3 (unten §. 10, Alin. 1). B, 28 im I. Buche ist in S abweichend

---

[1] Auf ihre Existenz hat zuerst Gerber (Kritische Jahrbücher für deutsche Rechtswissenschaft. 1844. XV, 93) aufmerksam gemacht. Genauer ist sie beschrieben, freilich ohne Berücksichtigung der Additionen, bei Homeyer, Rechtsbücher. Berlin 1856. S. 149.

[2] Nicht 1375 (M° CCC° LXXV), wie es bei Gerber l. c. heisst.

[3] Davon unabhängig ist ebenso, wie in W und im Baseler Primärdruck, der Inhalt des zweiten Alinea zusammen mit einer anderen Ausführung als Interpolation in die Glosse eingereiht. Vgl. Anhang 1, S. 274, N. 14 und S. 275, N. 1, 7.

gefasst. Addition 52 (= B, 72) im I. Buche wird in der ausführlicheren Fassung des Baseler Primärdrucks, wie in W, aber nur theilweise mitgetheilt. B, 95 im I. Buche, in W getrennt und zum Theil wiederholt, giebt S in dem Wortlaut des Baseler Primärdrucks. Bei den gemeinschaftlichen Stücken hält S mit W in dem Interpoliren nicht gleichen Schritt. Von den Additionen der Dresdener Handschrift hat sie im I. Buche Nr. 6 nicht bloss am Rande, wie W, sondern nochmals in der Glosse; Nr. 36 grösstentheils der Glosse angehängt und nur den Schlusssatz davon am Rande. Von den Additionen der Drucke setzt sie im I. Buche B, 14, 57 in die Glosse (W an den Rand) und umgekehrt B, 28, 64 an den Rand (W in die Glosse). Die Randbemerkung der Wolfenbütteler Handschrift zu III, 85 Glosse (unten §. 11 S. 245 bei N. 4) hängt S an die Glosse, wozu am Rande gesagt wird: *Hic Incipit ſe vna adicio et durat vſque ad textum* (nämlich des folgenden Artikels III, 86).

Im Ganzen herrscht doch die Uebereinstimmung zwischen beiden Handschriften vor. Jedoch ist keine aus der anderen entlehnt, auch nicht die den Schriftzügen nach jüngere S. Denn jede von beiden weist Fehler und Lücken auf, wo die andere richtig liest, und jede von beiden hat Stücke, welche der anderen fehlen. Vielmehr liegt beiden eine gemeinsame Quelle zum Grunde. Wenn die Sondershausener Handschrift die Stichworte zu den Additionen in Text und Glosse durch runde Klammern einschliesst, wie der Baseler Primärdruck, so ist sie dennoch und trotz ihres jüngeren Alters ebenso wenig, wie W, direct von ihm abhängig. Verglichen mit W, ist S weniger correct und durch grobe Fehler, namentlich in den lateinischen Stellen, verunstaltet.

3) Die **Görlitzer** Handschrift (G), *MS.* 22 in der Bibliothek der Oberlausitzischen Gesellschaft der Wissenschaften, Papier, 1470 *Am ſonnobinde vor Trinitatis*, kl. Folio, befand sich 1762 im Besitze von Karl Ferdinand Hommel, dessen Bibliothekzeichen dem Vorderdeckel eingeklebt ist, gehörte dann dem Oberhofgerichtsassessor August Friedrich Schott zu Leipzig[1] und gelangte demnächst an Karl Gottlob von Anton

---

[1] Catalogus bibliothecae Aug. Frider. Schott. Lipsiae (1793). 8". p. 362, Nr. 6532.

in Görlitz.[1] Sie nimmt insofern eine singuläre Stellung ein, als sie die Additionen, mit wenigen Ausnahmen (unten N. 3, 4, 5), nicht am Rande bringt, sondern dem Landrechtstext und der Glosse einverleibt, so dass sie in eigenthümlicher Weise **interpoliert** erscheint.[2]

Solchergestalt hat sie, verglichen mit der Dresdener Handschrift, folgende Stücke des Anhangs 1 sich zu eigen gemacht:

im I. Buche 1, 7 (nur ein Citat), 8, 9, 14, 16, 19, 22, 25, 27 bis 29, 31, 32, 33 (in der ausführlicheren Form der beiden Primärdrucke), 34, 36 bis 38, 40, 41,[3] 43 47, 49 bis 51, 52 (in der ausführlicheren Fassung des Baseler Primärdrucks, aber nur theilweise, wie in S), 53, 57 bis 59, 61, 62, 64 bis 67, 69, 70, 73, 77 bis 79, 81 bis 87 (Summe 50);

im II. Buche 3, 6, 9, 10, 14 bis 16, 20, 21, 25 (Summe 10);

im III. Buche 3 bis 6,[4] 9, 10, 12 bis 14[5] (Summe 9);

zusammen 69.

Von den abundierenden Stücken der Drucke sind aufgenommen, ausser dem Zusatz zu Addition III, 3:

B, 7, 23, 24, 52, 64, 65, 67, 70 (theilweise), 95, 112, 119 im I. Buche (Summe 11);

B, 6, 7, 24 (verstümmelt), 32 im II. Buche (Summe 4);

B, 14 im III. Buche (Summe 1);

zusammen 16. Davon decken sich 3 (B, 23, 52, 112 im I. Buche) mit Q; 7 weitere (B, 64, 65, 70, 95, 119 im I. Buche; B, 24 im II. und B, 14 im III. Buche) mit W. Es überwiegen demzufolge 6, um die sich die Zahl der handschriftlich nachgewiesenen gedruckten Additionen von 168 auf 174 erhöht.

In den Lesarten erweist sich die Görlitzer Handschrift unabhängig von der Gruppe der Dresdener und ihrer Schwester-

---

[1] Nietzsche, Allgemeine Literatur-Zeitung 1827, III, 705, Nr. 52.
[2] Eine vereinzelte Parallele hierzu gewährt die nicht der Bocksdorf'schen Recension angehörige Göttweiger Handschrift (Anhang 1, Nr. 8, N. 18).
[3] Addition 40, Alinea 2 mit Add. 41 stehen verbunden ausnahmsweise am Rande.
[4] Die beiden Additionen 5 und 6 am Rande.
[5] Add. 14 am Rande.

handschriften, mehrfach bekundet sie Verwandtschaft mit der zweiten gedruckten Form (L).

4) Die Leipziger Handschrift der Bocksdorf'schen Recension (Lb), in der Stadtbibliothek *Rep. II. fol. 15*,[1] Papier und Pergament gemischt, 1461 *in die Margarete virginis*, gr. Folio, ist unter allen nächst der Quedlinburger die dürftigste. Früher in Zobel's Besitz[2] und von ihm, wie Homeyer meint, für den Text des Sachsenspiegels gebraucht,[3] hat sie ihm bei den Additionen jedenfalls nicht gedient (vgl. unten §. 7). Aeusserlich behandelt sie die Additionen insoweit verschieden, als sie die Remissionen durch rothe Schrift unterscheidet.

Von den Additionen der Dresdener Handschrift (Anhang I) überliefert Lb:

im I. Buche 2, 6 bis 8, 13, 16, 19 bis 21, 27, 77 bis 79, 81 bis 83, 85 bis 87 (Summe 19);
im II. Buche 3, 6 (als Interlinearglosse), 7, 9 bis 12, 14 bis 17, 19 bis 21, 25 (Summe 15);
im III. Buche 2 bis 6, 8 bis 14 (Summe 12);
zusammen 46.

Hierzu treten von den abundierenden Stücken der Drucke, ausser dem Zusatz zu Add. III, 3:

B, 20, 23, 24, 112, 119 im I. Buche (Summe 5);
B, 14, 23 (theilweise), 26 im II. Buche (Summe 3);
B, 16 im III. Buche (Summe 1);
zusammen 9. Davon sind B, 14 des II. Buches und B, 16 des III. Buches in Lb singulär enthalten, so dass sich die gedruckten Additionen mit handschriftlicher Quelle um 2 von 174 auf 176 vermehren.

Im Wortlaut steht Lb der interpolierten Görlitzer Handschrift am nächsten.

---

[1] Aem. Guil. Rob. Naumann, Catalogus librorum manuscriptorum, qui in bibliotheca senatoria civitatis Lipsiensis asservantur. Grimae 1838. 4°. Nr. CCXCVIII, p. 92.

[2] C. W. Gärtner, Eykens von Ropgow Sachsen-Spiegel. Leipzig 1732. Fol. Vorbericht §. 10, Nr. VI.

[3] Homeyer, Sachsenspiegel, 3. Ausg., S. 78 mit N. *Gärtner l. c., auf den sich Homeyer (Rechtsbücher, S. 117) beruft, äussert sich lediglich vermuthungsweise und ohne innere Begründung.

Zu den beiden Artikeln des Sachsenspiegels 17 und 52 im I. Buche sind Präjudicate aus den Jahren 1545 und 1552 eingetragen, auf Veranlassung der Doctoren Fachs und Lössel, von denen jener damals Bürgermeister in Leipzig war, dieser Mitglied des Leipziger Raths.[1] Die Eintragungen führen die Formeln: *Quod iuffit huc annotare D. Fachs* und: *Et lufferunt huc annotare Fachs et d. Loffel*. Die Handschrift wurde demnach im XVI. Jahrhundert von dem Leipziger Schöffenstuhl officiell benutzt. Das erste Blatt mit den auf den Leipziger Schöffenstuhl bezüglichen Eidesformeln ist ebenso, wie die Einzeichnungen auf den beiden Deckeln,[2] vor dem Neubinden abhanden gekommen.

5. Die Additionen sind **keine** Specialität der Handschriften der Bocksdorf'schen Recension (III. Ordnung). Wir haben eine Glossenhandschrift zweiter Ordnung vom Jahre 1434 (La), Homeyer Nr. 378, hinzuzufügen, die jene an Alter erheblich übertrifft. Aus Zobel's Nachlass an die Leipziger Stadtbibliothek gelangt,[3] *Rep. II. fol. 16*,[4] Papier, 1434 *des neften donerftayis nach des heiligen Crucis tag exaltacionis*, gr. Folio, ist sie für die Additionen in den Zobel'schen Ausgaben des Sachsenspiegels nicht benutzt. Homeyer kennzeichnet sie als ausgestattet ‚mit vielen Nachträgen und Correcturen im Text und am Rande‘,[5] er hat aber nicht erkannt, dass die ‚Nachträge am Rande‘ die Additionen sind.

In der Vollzähligkeit besteht ein auffallendes Missverhältniss. Während das I. Buch eine reiche Zahl Additionen aufweist und darunter gerade von den abundierenden Stücken der Drucke mehr, als G Lb Q, treten sie im II. und III. Buche nur vereinzelt auf. So sind zu verzeichnen an Additionen der Dresdener Handschrift (Anhang 1):

im I. Buche 7, 8, 10, 11, 18 bis 22, 24 (in der verkürzten Fassung des Baseler Primärdrucks), 28, 29, 31, 33, 34, 36 (hinten nachgetragen), 37 bis 41, 43, 45, 47, 49 bis

---

[1] Laband, Zeitschrift für Rechtsgeschichte VI, 333, 1867.
[2] Naumann l. c. (oben N. 1 zur vorigen Seite).
[3] Gärtner, Sachsenspiegel. Vorbericht §. 10, Nr. V.
[4] Naumann, Catalogus librorum manuscriptorum, Nr. CCXCIX, p. 92.
[5] Homeyer, Rechtsbücher, S. 117.

53, 58 bis 62, 63 (ohne Alinea 1), 64, 65, 69 bis 71, 77, 78, 81 (Summe 43);
im II. Buche 13, 14 (Summe 2);
im III. Buche 3, 13 (Summe 2);
ferner an abundierenden Stücken der Drucke, ausser dem Zusatz zu Add. III, 3:
B, 27, 28, 30, 34, 35, 45, 48, 50, 51, 57, 60, 62, 63, 66 bis 68, 70, 76, 90, 94, 96, 98, 104, 112 im I. Buche (Summe 24);
B, 21 im II. Buche (Summe 1).
Mit Ausnahme von 19 im I. Buche (B, 27, 28, 30, 34, 35, 45, 50, 51, 57, 60, 63, 67, 68, 70, 76, 94, 96, 104, 112) finden sich die genannten 25 Stücke der Drucke in keiner anderen der bisher besprochenen Handschriften (§§. 2 bis 4). Dadurch wächst die Anzahl der gedruckten Additionen mit handschriftlicher Grundlage um 6 von 176 auf 182.

In der Leseweise erscheint unsere Leipziger Handschrift ebenso, wie Lb, nahe verwandt mit G.

Bemerkenswerth ist ein Marginale zu I, 59, welches in charakteristischer Weise umgeformt wird, wie der Vergleich mit der Wolfenbütteler und der Sondershausener Handschrift (§. 4, Nr. 1, 2) lehrt:

Leipziger Handschrift (La).	Wolfenbütteler Handschrift.
Nota, hoc totum c[apitulum] uel ar[ticulus] eſt verum in koniges ban. abir wir, ut in lipczig, et in terra miſnen[fi] dinget man jn marggrauefchafft.	*Nota, quod*[1] *iſte totus Ar[ticulus] eſt verus, wo man dinget vndir koniges bann.*[2] *Sed lypczen[fes] et tota terra miſnen[fis] dy dingen in marggrauefchafft.*

Wir entnehmen daraus, dass die Additionen der vorliegenden Handschrift in Leipzig geschrieben sind.

6. Ueberblicken wir das Resultat, so erhellt, dass von den Glossenhandschriften II. Ordnung eine, von den zehn Handschriften der Bocksdorf'schen Recension sieben die Additionen in verschiedenem Umfange überliefern. Sämmtliche acht sind

---
[1] *quod* fehlt S.
[2] *wo bis bann*] S *yn koniges ban.* Wie La.

mitteldeutsch, stammen aus dem XV. Jahrhundert und bieten die Additionen nicht nachtragsweise, sondern von vornherein. Nur in einer Handschrift der Bocksdorf'schen Recension (G) begegnen die Additionen fast durchaus, in zweien (W und S) wenigstens theilweise in Gestalt von Interpolationen zu Text oder Glosse, in einer (Lb) einmal als Interlinearglosse zum Text. Sonst stehen sie überall am Rande.

Gegenüber den beiden gedruckten Formen beobachten die Handschriften, wie unter sich, in Aufnahme der Additionen nicht gleiches Maass. Es lässt sich nirgend behaupten, dass die Handschriften aus den Drucken geschöpft hätten. Eine solche Möglichkeit ist bei den meisten ohnehin dadurch ausgeschlossen, dass sie früher, als die Drucke datiert sind. Von den Handschriften der Bocksdorf'schen Recension fallen fünf (Q, H = D, Lb, G) aus den Jahren 1454, 1460 (zwei), 1461, 1470 vor die Drucke. Noch weiter hinauf reicht die Leipziger Handschrift II. Ordnung (La) vom Jahre 1434. Ausser einer undatierten (W) giebt es bloss eine (S) mit wenig späterer Datierung (1475), als der älteste (Baseler) Primärdruck. Von beiden aber ist sicher, dass sie nicht aus ihm abgeleitet sind. Obgleich die beiden Primärdrucke auf handschriftlicher Grundlage ruhen, ist doch keine der uns bekannten Handschriften ihre Quelle.

Zu einer Gruppe schliessen sich zusammen die Dresdener mit der daraus abgeschriebenen Homeyer'schen und der ältesten datierten (Quedlinburger) Handschrift der Bocksdorf'schen Recension (§§. 2, 3). Ebenso sind die Wolfenbütteler und die Sondershausener Handschrift derselben Recension Schwesterhandschriften (§. 4, Nr. 1, 2). Im Uebrigen ist das Abstammungsverhältniss nicht näher anzugeben.

Von den 200 Additionen der beiden Primärdrucke sind im Ganzen 182 in den in Rede stehenden acht Handschriften nachzuweisen. Unbelegt verbleiben (neben den Zuthaten des Baseler Primärdrucks zu Add. I, 16, 32 und zu Add. II, 7, 12)
5 im I. Buche:
    B, 81, 92, 113, 114, 116;
10 im II. Buche:
    B. 2, 4, 5, 12, 13, 15, 18, 19, 36, 37;
3 im III. Buche:
    B, 10, 11, 18;

zusammen 18, also eine verschwindende Minderzahl. Davon ist B, 81 im I. Buche ein blosser Verweis auf die vorhergehende Addition; B, 92 ebenda eine blosse Wiederholung der vorhergehenden Addition; B, 18 im III. Buche ein blosser Nachtrag eines fehlenden Stückes der Glosse.

Weit bedeutender ist die Zahl der ungedruckten Additionen, um welche die Drucke von den Handschriften übertroffen werden, und von denen im Anhang 1 nur die wichtigeren mitgetheilt sind. Es zeigt sich, dass die Drucke eine blosse Auslese veranstaltet haben.

Die folgenden drei Tabellen werden die Vollzähligkeit der handschriftlichen Ueberlieferung, soweit sie Anhang 1 berücksichtigt, 1) gegenüber der Dresdener Handschrift und 2) gegenüber den abundierenden Stücken des Baseler Primärdrucks, sowie 3) im Ganzen erkennen lassen.

1.

	Anzahl der mit D gemeinsamen Additionen					
	S	W	G	La	Lb	Q	Insgesammt
I. Buch .	70	60	50	43	19	45	82 von 87
II. Buch .	20	15	10	2	15		Alle 25
III. Buch .	8	12	9	2	12		Alle 14
Zusammen	98	87	69	47	46	45	121 von 126

2.

	Anzahl der mit B gemeinsamen abundierenden Stücke					
	S	W	G	La	Lb	Q	Insgesammt
I. Buch .	38	36	11	24	5	6	49 von 54
II. Buch .	5	3	4	1	3		10 „ 20
III. Buch .	3	8	1		1		9 „ 12
Zusammen	46	47	16	25	9	6	68 von 86

3.

	S	W	G	Lu	Lb	Q	Insgesammt
I. Buch	108	96	61	67	24	51	131 von 141
II. Buch	25	18	14	3	18		35 „ 45
III. Buch	11	20	10	2	13		23 „ 26
Zusammen	144	134	85	72	55	51	189 von 212

Ueber die Vollzähligkeit der gedruckten Ueberlieferung ist noch zu bemerken, dass in den Bocksdorf'schen Drucken mehrere Additionen, deren Aufnahme beabsichtigt war, durch Versehen gänzlich ausgefallen sind. Wenigstens sind die betreffenden Stichworte in der Glosse und im Text von der üblichen Parenthese eingeschlossen, ohne dass die dazu gehörigen Additionen vorhanden wären.[1] Solcher Stichworte zähle ich vier allein in der Glosse zu II, 13, je eines in der Glosse zu II, 36, II, 41, III, 39 und drei im Text II, 15, §. 2 ‚Gloubit', II, 30 ‚gezeugen', III, 75, §. 1 ‚lehn', zu welchen ersteren beiden die Handschriften je eine Addition haben (Nr. 10 und Nr. 17). Einmal ist eine Addition (zu II, 41, §. 2), wie in der Wolfenbütteler und in der Sondershausener Handschrift, der Glosse einverleibt.

Prüfen wir die Ueberlieferung auf ihren inneren Gehalt, so lässt sich nicht verkennen, dass die ursprüngliche Form verloren gegangen ist. Drucke wie Handschriften sind durch starke Corruptionen (Fehler und Lücken) entstellt, verbessern und ergänzen sich aber gegenseitig. Es wird daher gleichmässiger Berücksichtigung der Handschriften wie der Drucke bedürfen, um die Additionen in reinerer Form wiederherzustellen.

Als redactionelle Fehler charakterisieren sich wörtlich gleichlautende Wiederholungen von Additionen zu verschiedenen

---

[1] Ein Seitenstück hierzu bietet die Sondershausener Handschrift (oben §. 4, Nr. 2 bei N. 3).

Stichworten, worin die Drucke theils für sich dastehen,[1] theils mit den Handschriften zusammenstimmen.[2]

7. Zuletzt ist der Zobel'schen Drucke des Sachsenspiegels zu gedenken, welche Text und Glosse aus ‚geschriebenen Exemplaren' verbessert haben wollen.[3] Inwieweit dazu die beiden Leipziger Handschriften aus Zobel's Nachlass (S. 4, Nr. 4 und §. 5) herangezogen sind, mag hier dahingestellt bleiben. Die Additionen hat Zobel anderweitig hergeholt.

Es genügt, als Repräsentanten den ersten Zobel'schen Druck (Z), Leipzig 1535, ins Auge zu fassen. Er stimmt weder in der Vollzähligkeit noch überall in der Wortfassung mit einem der sonstigen bekannten Texte, er modernisiert die Sprache und trägt Spuren einer theils kürzenden oder ändernden, theils mit Zuthaten verbrämten Ueberarbeitung. Meistens stellt er die Additionen an den Rand, in vielen Fällen als Interpolationen (I) in die Glosse, einmal (zu I, 36) zwischen Text und Glosse.

Von den Additionen der Dresdener Handschrift (Anhang 1) correspondieren mit Z:

im I. Buche 1, 2 (I), 8, 9 (Lateinisch), 10 (verkürzt), 12, 16 (getrennt), 18 bis 22, 23 (getrennt), 26, 27 (verkürzt und Lateinisch), 28, 29 (I), 31 (zweimal), 32, 33, 34 (abweichend), 35 (I), 36 (I), 37 bis 40, 41 (abweichend), 42 bis 44, 45 (I), 46, 48 bis 50, 52 (I),[4] 53 (I), 55, 58 bis 60, 62, 64, 65, 67 (I), 69, 70 (getrennt), 71 (verkürzt), 73, 76, 78 bis 82, 84 bis 86, 87 (zweimal) (Summe 60);

im II. Buche 1, 2 (beide in deutscher Fassung), 3 (zweimal), 4, 5, 7 bis 12, 14, 16, 18, 19, 20 (wie in BSW an die Glosse angehängt), 24 (Summe 17);

im III. Buche 3, 4, 6, 7 (verändert), 12 (Summe 5); zusammen 82.

Von den abundierenden Stücken der Primärdrucke sind in Z vertreten, ausser den Zuthaten zu Add. I, 16, 41, 67; zu Add. II, 7, 12; zu Add. III, 3:

---

[1] B, 91 und 92 im I. Buche.
[2] Im I. Buche 65 und 79 = B, 89 und 109; im II. Buche 8 und 9 = B, 10 und 11 resp. L, 7 und 8. Ueber die Dresdener Handschrift im Besonderen vgl. Anhang 1, S. 275, N. 7.
[3] Homeyer, Sachsenspiegel, 3. Ausg., S. 78 f., 80.
[4] In der ausführlicheren Fassung des Basler Primärdrucks.

B, 7, 14 (I), 20, 23, 24, 27 (verkürzt), 30, 31, 33 bis 35, 45, 48 (nur ein Citat), 51 (I), 52, 58 (Glossenstück), 63, 65, 76 (I), 84 (I), 88, 90, 92, 94 (I), 96 (I), 98, 102, 106, 112, 114, 116, 119 im I. Buche (Summe 32); B, 6, 12 bis 15, 21, 23, 24 (I), 26, 27 (abweichend), 28, 32, 36 im II. Buche (Summe 13); B, 2, 13 (I) im III. Buche (Summe 2); zusammen 47. Darunter sind 7 Stücke (B, 92, 114, 116 im I. und B, 12, 13, 15, 36 im II. Buche), welche handschriftlich nicht vorkommen.

Näher, als den beiden Leipziger Handschriften, steht Z dem in Leipzig geschriebenen Wolfenbütteler Codex (§. 4, Nr. 1), dem sich Zobel in manchen eigenthümlichen Lesarten anschliesst. Besonders charakteristisch dafür ist, dass Z das Marginale zu I, 59 (oben §. 5, S. 235 bei N. 1) nicht aus der älteren Leipziger Handschrift (La), auch nicht in der Fassung von S, sondern in wörtlicher Uebereinstimmung mit W herübergenommen und ebenso die singulären Randnoten zu I, 24, §. 3 wie zu III, 7 Glosse (unten §. 10, Alinea 1 und §. 11, Alinea 7) aus W sich angeeignet hat.

Indessen hat Zobel nicht unmittelbar aus W geschöpft, sondern aus dem Leipziger Druck von 1528, einem Nachdruck der Augsburger Ausgabe von 1517, welche ihrerseits wieder auf die Leipziger aus dem Jahre 1490 zurückgreift. Nietzsche's Meinung über die Ableitung der Zobel'schen Drucke wird dadurch trotz des von Homeyer erhobenen Widerspruchs bestätigt.[1]

8. Ein geringer Bruchtheil der Additionen (4) berührt sich endlich mit einer Reihe von Glossenhandschriften, in denen der Inhalt der betreffenden Stücke einen integrierenden Bestand der Glosse bildet. Diese Handschriften, sieben an der Zahl, sind theils mitteldeutsch, wie die beiden ehemaligen Mainzer Handschriften,[2] theils niederdeutsch. Eine davon (siehe Nr. 4)

---

[1] Nietzsche, Allgemeine Literatur-Zeitung 1827. III, 720. Homeyer, Sachsenspiegel, 3. Ausg., S. 78*. Weiter spricht für Nietzsche, dass Zobel's wortreicher Titel ersichtlich dem Leipziger Druck (1528) nachgebildet ist, und dass Zobel ebendaher die Magdeburger Fragen entlehnt hat. Vgl. Behrend, Magdeburger Fragen. Berlin 1865, p. XLVII f.

[2] Die zweite Mainzer Handschrift bezeichnet Homeyer irrthümlich als ‚niederdeutsch‘. Dem widerspricht die bei Spangenberg (unten N. 4

rangiert in der II. Ordnung, die übrigen in der III. Ordnung der Glossenklasse. Erstere steht mit der Stendaler Glosse in Verbindung, letztere fallen in den Bereich der Tzerstedischen Glosse.

1) Dahin gehört zuvörderst die Polemik wider Klenkok zu I. 3, §. 3 a. E. (B, 16), welche, ‚der gewöhnlichen Glosse fremd', in übereinstimmender Fassung aus dem Mainzer Codex von 1421 (Homeyer, Nr. 434)[1] durch Grupen mitgetheilt ist,[2] ausführlicher in beiden Exemplaren der Tzerstedischen Glosse (1442) und in der Hallenser Handschrift vom Jahre 1478 auftritt.[3]

2) Auf dieselbe Mainzer Handschrift und auf eine zweite (Homeyer, Nr. 435), deren Glosse damit ‚ziemlich übereinkommt',[4] führt die Addition zu III. 51, §. 2 ‚*Runeiden*' (B, 15) zurück;[5]

3) auf erstere ausserdem nach Ausweis von Grupen's Copie die Addition zu III. 51, §. 1 ‚*Stelente*' (B, 13).[6] Beide Additionen (2, 3) decken sich noch mit der Tzerstedischen Glosse, sowie der Amsterdamer und der bereits genannten Hallenser Handschrift.[7]

4) Mit einem singulären Zusatz der Berlin-Brandenburger Handschrift (Homeyer, Nr. 30) zu einem Excerpt aus der Stendaler Glosse stimmt die Addition B, 21 zu ‚*meyn vetter*' (Glosse II. 20) überein.

Von den angeführten vier Additionen sind 2, 3 zugleich singulär in der Wolfenbütteler und der Sondershausener,

---

zur folgenden Seite) ausgehobene Probe und Grupen's ausdrückliche Angabe der Sprache (Spangenberg, S. 103 n. E.).

[1] Die Literatur über diese verlorene Handschrift habe ich in den Sitzungsberichten CVI, 216, 1884 zusammengestellt.

[2] Grupen bei Spangenberg, Beyträge zu den Teutschen Rechten. Halle 1822, S. 98 f. mit S. 94, 96, 97. Homeyer, Klenkok, S. 406 f. Sitzungsberichte CVI, 207 ff.

[3] Sitzungsberichte a. a. O., S. 209 mit N. 1.

[4] Grupen bei Spangenberg, Beyträge, S. 44.

[5] Sitzungsberichte CVI, 212 nebst N. 3. Ueber die Meininger Handschrift, in welcher der bezügliche Passus als Marginale zum Text steht, siehe daselbst N. 4.

[6] Sitzungsberichte a. a. O., S. 212 mit N. 7.

[7] Sitzungsberichte l. c., S. 211 f. mit N. 3 zu S. 212.

4 in der Leipziger Handschrift II. Ordnung am Rande aufgenommen. 1, sonst aus den Additionen-Handschriften nicht zu belegen, fügen SW in die Glosse ein.

9. Die Frage nach dem Verfasser der Additionen ist streitig. Homeyer hat im ‚Klenkok' (Seite 407) vermuthet, dass ‚die *additiones* von Tammo von Bocksdorf herrühren, ... nicht aber von dem bekannten Theodorich von Bocksdorf, ... dessen etwanige Zusätze zur Glosse wohl sofort in diese selber aufgenommen worden sind.' In der 3. Ausgabe des Sachsenspiegels (Seite 75* a. E.) schränkt er diese Vermuthung soweit ein, dass die Zusätze ‚wenigstens theilweise schon von Tammo von Bocksdorf stammen.'

Er stützt sich dabei auf die oben (§. 8, Nr. 1) hervorgehobene Thatsache, wonach die Polemik wider Klenkok aus dem Mainzer Codex in die gedruckten Additionen übergegangen ist, und meint, dass Tammo, der den Codex mit Concordanzen und Randglossen ausgestattet hatte,[1] ‚doch jedenfalls jenen Tadel gegen Klenkok aus dem Mainzer Codex kannte.'

Dazu kommt ein weiteres, von Muther beigebrachtes Zeugniss.[2] Chilian König († 1526)[3] schreibt in seiner ‚Practica' (Cap. 8) die Addition zu I. 46 ‚*vormunden*' dem ‚Tammo de Bucksdorff Doctor' zu:[4]

‚Aber Tammo de Bucsdorff Doctor / in der abbition des 46. articfels / auff das wort / furmunde / sagt / So ein fraw oder Jungfraw beflagt wird / so mus sie auch einen fürmunden haben / oder wird et fellig / ꝛc.'[5]

Nach Muther ist es ‚zweifelhaft', ‚wie viel' von den Additionen dem Theodorich von Bocksdorf, ‚wie viel seinem Bruder

---

[1] Grupen bei Spangenberg, Beyträge, S. 43, 44, 76 f., 127. ‚Homeyer Klenkok, S. 406 mit N. 32.
[2] Muther, Zur Geschichte der Rechtswissenschaft. Jena 1876, S. 82 (auch Zeitschrift für Rechtsgeschichte IV, 390).
[3] Vgl. Stintzing, Geschichte der deutschen Rechtswissenschaft, 1. Abth. München und Leipzig 1880, S. 560 ff.
[4] Ich benutze die Ausgabe (‚Franckfort an der Ader') 1550. Folio. Stintzing, S. 561.
[5] Der angeführte Satz stimmt nicht wörtlich mit der betreffenden Addition (B, 94), sondern ist nur dem Sinne nach wiedergegeben.

Tammo angehört‘,[1] ‚doch wird man Theodorich von Bocksdorf die Hauptautorschaft nicht bestreiten können.‘[2] Für letztere Annahme beruft er sich neben dem Leipziger Primärdruck von 1488 auf zwei Schriftsteller des XVI. Jahrhunderts. Conradus Wimpina erwähnt unter den Schriften des ‚Theodoricus Bucksdorf‘ an erster Stelle: ‚Additionum super speculo Saxonum lib. I.‘[3] Auf Dietrich von Bocksdorf, mit Entstellung des Vornamens in Johannes, bezieht sich folgendes Citat in den Consilien von Henning Göde († 1521):[4]

‚Tertio & clarius atteſtatur & affirmat hoc idem *D. Ioan. Bockedorff, olim Epiſcopus ecclefiae N.* in dicto jure Saxonum practicus expertiſſimus, ac maximae autoritatis, & qui in eodem jure varias fecit additiones, quae fic ante & poſt eum inconcuſſae obſervatae funt, in additione quam ponit *ad allegatum cap. Lehenrecht, 32.* & in additione quam ponit *Lehenrecht, cap. 37*‘[5] u. s. w.

10. Ich bin geneigt, die Additionen dem Tammo von Bocksdorf beizulegen. Für die Addition zu I. 46 ‚*vormunden*‘ (B, 94) ist seine Urheberschaft bestimmt beglaubigt (§. 9, S. 242 mit N. 5). Von entscheidender Bedeutung scheint mir eine zwar den Zobel'schen Drucken und ihren Vorgängern bekannte, aber bisher unbeachtete Randnote, welche sich singulär unter den Additionen der Wolfenbütteler Handschrift (§. 4, Nr. 1) erhalten hat. Sie bezieht sich auf den Satz des Sachsenspiegels I. 24, §. 3 ‚*Gold vnnd filber vngewurcht, das gehorit die frawen nicht an*‘ und wird mit den Worten eingeleitet:

---

[1] Allgemeine deutsche Biographie II, 790, 1875.
[2] Muther, Zur Geschichte der Rechtswissenschaft, S. 82 f.
[3] Conradi Wimpinae scriptorum insignium . . . centuria, emendata a J. Fr. L. Theod. Merzdorf. Lipsiae 1839. 8⁰. p. 35.
[4] Vgl. über ihn Stintzing a. a. O., S. 263 ff., 265.
[5] So nach der Wittenberger Ausgabe 1609. Folio. Cons. XXII, §. 11 a. E., p. 146. — Die erste der gedachten beiden Additionen, zum Lehnrecht 32, §. 1 ‚*Wenne fie fich abir teylen*‘, findet sich in der Quedlinburger Handschrift von 1454 (§. 3, Nr. 2) auf einem eingeklebten Zettel *(cedula)*, desgleichen in einer Wolfenbütteler von 1464 (Homeyer, Nr. 709), in der Berlin-Brandenstein'schen Handschrift von 1467 (Homeyer, Nr. 23) ‚als Randglosse‘, in den Drucken seit 1537 ‚zwischen Text und Glosse‘. Homeyer, Sachsenspiegel II, 1, S. 74. Zum Lehnrecht 37 kennt die Quedlinburger Handschrift gar keine Addition.

Mercke hir, As Ich in den Gloſen vs eyme ſachſenſpigel des Biſſchoffs von Meydeburgk gefundin habe: ‚dy frawe nympt ouch ires mannes gewurcht ſilber' u. s. w. (Ebenso bei Zobel hinter der Glosse, im Augsburger Druck von 1517 zwischen Text und Glosse.) Es liegt nahe, hierbei an den verlorenen Mainzer Codex des Erzbischofs Günther von Magdeburg zu denken, welcher Codex, wie wir wissen, dem Tammo vorgelegen hat,[1] und der nach Grupen's Abschrift die fragliche Interpolation zur Glosse in der That enthielt.[2] Danach würden wir Tammo von Bocksdorf als Verfasser der obigen Randnote zu betrachten haben, ihm auch an den übrigen Additionen einen hervorragenden Antheil zusprechen müssen.

Bestärkt wird eine derartige Schlussfolgerung durch den Umstand, dass nicht bloss die Polemik gegen Klenkok, sondern ebenso der Inhalt von zwei anderen Additionen aus der Glosse desselben Mainzer Codex in den Baseler Primärdruck herübergenommen ist (§. 8, Nr. 1, 2, 3). Bedeutsam ist endlich die Aehnlichkeit einer Randnote des Tammo zum Codex Moguntinus (I. 4 ‚*altvile*‘) mit einer Addition der Handschriften (Anhang 1, Nr. 18).

Nicht verwerthen dürfen wir Stobbe's Behauptung, wonach ‚ein Theil' der Tammo'schen Glossen in die ‚Additiones bockstorff' der ‚alten Ausgaben von 1474—1501' aufgenommen sein soll.[3] Sie reduciert sich auf ein Missverständniss der Bemerkung Homeyer's (Rechtsbücher, Seite 6, Nr. 3) über die

---

[1] Sitzungsberichte CVI, 216, 218. Vgl. oben §. 8, Nr. 1, 2, 3 und §. 9, Alin. 2.

[2] Das Glossenstück lautet bei Grupen (Celle) vollständig: *Die vrouwe nimpt ouch yres mannes geworchte ſilber. ſolde yre man das ouch yrer geſpinnen gehin, ab ſin wib ſturbe, is were gordele edder ſilueren yeueſze? Saye Nein. Was die vrouwe getragen hette, das volgede yr zcu rade, vnde was der man nicht genutzet hette, die vrouwe nimpt is abir vs ires mannes gute zcu Rade, wan ire man ſtirbt, dar vmme das ſie das dicke zcingen von yrer beider gute, des die geſpinne nicht entut. Alſo iſt is ouch vmme die ſchaff.* Hierzu fügt die Randnote der Wolfenbütteler Handschrift unter Beziehung auf die nächstvorhergehende Addition (B, 76) hinzu: *als vor annotiert. Sed caſus huius practicam adhuc non vidi.*

[3] Stobbe, Geschichte der deutschen Rechtsquellen I, 384, N. 41.

‚Widerlegung Johann Klenkok's', welche, wie erwähnt, der von Tammo vorgefundenen Glosse des Mainzer Codex angehört. Wenn die älteste und von der Bocksdorf'schen Recension unabhängige Additionen-Handschrift (§. 5) aus dem Jahre 1434 datiert, so reicht sie doch über die Zeit nicht zurück, in welche Tammo's Wirksamkeit gesetzt wird (1426).[1] Das entgegenstehende Zeugniss des Leipziger Primärdrucks (§. 1, Alin. 2) hat um so weniger Beweiskraft, als der älteste (Baseler) Primärdruck über den Verfasser ganz schweigt. Wir würden uns damit in der Weise abzufinden haben, dass der Leipziger Druck den Namen des bekannteren und bedeutenderen Dietrich eingeführt hat. Wimpina und Henning Göde (§. 9, S. 243, N. 3, 5) wiederholen die Tradition des Drucks, Göde mit entstelltem Vornamen.

Vielleicht ist die Betheiligung Dietrich's von Bocksdorf dahin zu fassen, dass er die von seinem Bruder Tammo herrührenden Additionen für den Druck vorbereitet und seiner Bearbeitung des glossierten Sachsenspiegels angehängt hat.

11. Der Name ‚Additio' wird bereits in den Additionen selbst zu ihrer Bezeichnung gebraucht. Das geschieht mit Bezug auf das Landrecht lediglich in dem Baseler Primärdruck[2] und zum Theil in der Wolfenbütteler Handschrift,[3] ferner in einem singulären Zusatz der Leipziger Handschrift von 1434 zu B, 76 im I. Buche (Anhang 1, S. 273, N. 13) und mit *Nota bene hanc addicionem* in einer lateinischen Randnote der Wolfenbütteler Handschrift zu III. 85 Glosse, ähnlich ebenda in der Sondershausener Handschrift.[4] Die Dresdener Handschrift bezeichnet einmal (I, 71) als *addiciones* die Randnoten zum Lehnrecht,[5] ebenso ein Zusatz der Leipziger Handschrift (1434) zu derselben Stelle (N. 12).

Bald lateinisch, bald deutsch abgefasst, bald dem Text des Landrechts, bald der Glosse hinzugefügt, tragen die Additionen die Form von kürzeren oder längeren Glossen und

---

[1] Sitzungsberichte CVI, 218 mit N. 2.
[2] B, 41, 44 (N. 4) im I. Buche und B, 17 (Zusatz) im II. Buche.
[3] Nur bei B, 41 im I. Buche.
[4] Ueber die Sondershausener Handschrift vgl. in dieser Beziehung oben §. 4, Nr. 2, Alin. 5 a. E.
[5] Vgl. oben §. 3, Nr. 2, Alin. 3 nebst N. 4.

einen ähnlichen gemischten Charakter, wie die Arbeit des Stendaler Glossators.¹ Sie sind der letzte Ausläufer der nach der Buch'schen Glosse unternommenen Versuche zu selbständigen Glossierungen. Selten gewähren sie ein sprachliches oder rechtshistorisches Interesse.²

In sprachlicher Beziehung kann nach dem Befunde der Ueberlieferung keinem Zweifel unterliegen, dass in den deutschen Bestandtheilen die obersächsische Mundart die ursprüngliche ist, die niedersächsischen Formen des Leipziger Primärdrucks wie der abgeleiteten Stendaler Ausgabe als Uebertragungen aufzufassen sind.

Der Inhalt der Additionen ist mannigfaltig. Sie bestehen in Concordanzen, Remissionen, Belegstellen, Antinomien, Auflösung von Widersprüchen, Worterklärungen, Interpretation von Rechtssätzen, polemischen Erörterungen, kritischen Notizen, Beziehungen auf den lateinischen Text des Sachsenspiegels, Ausführungen aus den fremden Rechten und Bemerkungen aus der Praxis, Nachträgen, Wiederholungen oder Variationen von Stücken der gewöhnlichen Sachsenspiegelglosse, Excerpten aus der Stendaler Glosse. Sie benutzen ausser den fremden Rechtsquellen mit deren Literatur³ die Magdeburger und Leipziger Schöffenpraxis, unter Polemisierung gegen die Magdeburger Schöffen, neben der Stendaler die Buch'sche (oder Bocksdorf'sche) Glosse zum Landrecht, die Lehnrechtsglosse und die Glosse des Weichbilds, von deutschen Rechtsbüchern Sachsenspiegel- Land- und Lehnrecht, Richtsteig Landrechts, Weichbild, Sippzahlregeln.⁴

Reine Wiederholungen oder blosse Variationen der Buch'schen Glosse sind die mit der Formel *vel sic* eingeleiteten

---

[1] Ein Flüchtigkeitsfehler Gärtner's ist es, wenn er bei seiner Beschreibung des Baseler Drucks (Vorbericht zur Ausgabe des Sachsenspiegels §. 11, Nr. 1) die Additionen auf die Glosse eingeschränkt und sie ‚in Alphabetischer Ordnung' gruppiert wähnt.

[2] Sprachlich verwerthet ist ihre Niedersächsische Fassung nach dem Stendaler Druck von 1488 in dem Mittelniederdeutschen Wörterbuch von Schiller und Lübben. Vgl. Sitzungsberichte CVI, 212, N. 6 und unten Anhang 1.

[3] Einmal wird die Summe des Azo zum Codex, einmal Bartolus angeführt (B, 70 und 107 im I. Buche).

[4] Anhang 1, N. 12 zu S. 254.

Additionen B, 2, 5, 6, 8 im III. Buche, welche die Wolfenbütteler Handschrift erheblich vermehrt. Einmal wird das in der Bocksdorf'schen Recension mangelnde Schlussstück der Glosse zu III, 69, §. 3 nachgetragen (B, 18). Das Gleiche geschieht ohne ausdrückliche Angabe mit einem übergangenen Glossenstück zu I, 20, §. 6 (B, 58). Die Glosse der Bocksdorf'schen Recension ist wiederholt in B, 99 des I. Buches. Für die Bekanntschaft mit der Stendaler Glosse erhalten wir einen neuen, beachtenswerthen Beleg. Aus ihr sind Stücke zum deutschen wie zum lateinischen Text des Sachsenspiegels entlehnt. Das gilt sowohl von denjenigen Additionen, welche die Handschriften mit den beiden Primärdrucken theilen,[1] als auch von den bloss handschriftlich überlieferten.[2]

Singulär wird in zwei Additionen der Wolfenbütteler und der Sondershausener Handschrift zu III, 7 auf das ‚Kaiserrecht' Bezug genommen. Damit ist das Schwabenspiegel-Landrecht gemeint, welches nach zwei verschiedenen Texten citiert wird, einmal in einer nach Büchern abgetheilten Gestalt, sodann mit durchlaufender Artikelzählung.[3] Ich setze die beiden Stellen aus W hierher. Es heisst zum Text des Sachsenspiegels:

Hic concordat keyferrecht li. iij ar. xj § j. hoc verum von vorftolener habe,

und zur Glosse (ebenso bei Zobel und seinen Vorgängern):

Eyn criften[4] *ift nehir, eynen Juden czu uerczugenn, wenne der iude den criften, keyfirrecht ar. lxiiii.*[5]

Es bleibt noch übrig, die Frage aufzuwerfen, welcher Ordnung die Glossenhandschrift zuzuweisen sein dürfte, die den Additionen zum Grunde gelegen hat. In ihr erstreckte sich die Glossierung bereits auf den Bereich der häufig unglossierten Stücke I, 7 bis 14, §. 1, I, 26, III, 47, wie die Ad-

---

[1] Im I. Buche 24, 46, 48, 55, 76, 80 und B, 33 (letztere nur in der Wolfenbütteler und der Sondershausener Handschrift); im II. Buche 2, 4, 5, 13, 18, 22, 23, 24; im III. Buche 1.
[2] Es sind die Stücke 75 im I. Buche und 1 im II. Buche, ausserdem viele andere von mir nicht mitgetheilte Stellen.
[3] Vgl. Sitzungsberichte CVI, 222 nebst N. 3.
[4] S fh. man.
[5] *ar. lxiiii*] S mit der Zahl in Worten: *c. fexagefimoquarto.*

ditionen 27, 29, 34, 51 im I. Buche und 5 im III. Buche beweisen. Indessen ist daraus ein sicherer Schluss auf die ganze Gestaltung nicht zu ziehen. Entscheidender scheint die Endgrenze der Additionen. Sehen wir auf den Text des Sachsenspiegels, so gehen die Additionen der Bocksdorf'schen Drucke über III, 73, allenfalls über III, 75, wo ‚lehn' §. 1 wenigstens im Text markiert ist (oben §. 6, Alinea 7), die des Leipziger Primärdrucks über III, 77 nicht hinaus. Die Dresdener und die Görlitzer Handschrift reichen weiter bis III, 83, §. 3 (Nr. 14), am weitesten die Wolfenbütteler bis III, 88, §. 5. Zur Glosse schreiten die Additionen in der letzterwähnten Handschrift bis III, 87 vor. Dagegen findet sich eine Addition zu der Glosse der Schlussartikel (III, 88 bis 91) weder in den Drucken, noch in den Handschriften. Dürfen wir aus dem Fehlen schliessen, so würde die Vorlage der Additionen in die zweite Ordnung der Glossenklasse zurückgreifen. Dazu stimmt, dass die älteste Additionen-Handschrift (1434) der II. Ordnung angehört.

Auf die Gebahrung der späteren Glossenliteratur zur Zeit der Drucke waren die Additionen nicht ohne Einfluss. Noch Christoph Zobel (1535) hatte ihnen in der Weise der Leipziger Ausgabe von 1528 und der Vorgänger derselben eine Stelle eingeräumt (§. 7). In seinen späteren Drucken sind sie am Rande fortgelassen und statt dessen Zusätze in die Glosse eingestreut, welche nach Form wie Inhalt den gleichen Charakter bekunden und in übereinstimmender Weise mit dem Namen ‚Additio' gekennzeichnet sind. Dazu tritt, unter der Ueberschrift ‚Additiones' dem deutschen Text des Sachsenspiegels vor der Glosse artikelweise folgend, eine eigenartige umfangreiche Glossengruppe, in der sich Reste der alten Additionen erkennen lassen, deren überwiegender Inhalt aber aus modernen Zuthaten besteht. Diese Entwicklung erreicht ihr Ende mit der letzten Zobel'schen Ausgabe (1614), womit die ‚erste Epoche' der Sachsenspiegel-Drucke schliesst.

Im Anhang gebe ich 1) einen verbesserten Abdruck der Additionen auf Grundlage der Dresdener Handschrift unter Vergleichung der übrigen Handschriften und der Drucke und füge dazu 2) eine Uebersicht ihres Bestandes in den handschriftlichen und den gedruckten Formen.

Anhang.

1. Die Additionen der Handschriften, verglichen mit den gedruckten Formen.

Für die handschriftliche Ueberlieferung ist die Dresdener Handschrift als die vollständigste und relativ beste zum Grunde gelegt. Ausserdem benutze ich an Additionen-Handschriften die Görlitzer, beide Leipziger, die Quedlinburger, Sondershausener, Wolfenbütteler. Ihre Variantenbuchstaben sind im Abdruck hinter den betreffenden Stücken in alphabetischer Ordnung hinzugefügt. Die Homeyer'sche Handschrift bleibt ausser Ansatz, weil identisch mit D. Auf die übrigen Glossenhandschriften (§. 8) ist an den bezüglichen Stellen hingewiesen.

Ich zähle die Additionen der Dresdener Handschrift und der Primärdrucke in jedem der drei Bücher besonders und verweise am Rande auf die beiden gedruckten Formen. Dabei bezeichnet B den Baseler, L den Leipziger Primärdruck, deren Varianten unter den Text gesetzt werden.[1] Neben den beiden Primärdrucken ist die Stendaler Ausgabe mit herangezogen, weil sie zwar dem Baseler folgt,[2] aber doch Eigenheiten besitzt, die auf eine davon unabhängige handschriftliche Quelle zurückzugehen scheinen. Ferner notiere ich die singulären Lesarten der Augsburger Ausgabe von 1496, welche im Uebrigen ebenfalls auf dem Baseler Primärdruck beruht.[3] Von den Zobel'schen Drucken ist der erste (1535) als Repräsentant der späteren Ueberlieferung verglichen.

---

[1] Den Baseler Druck benutze ich nach dem stattlichen Exemplare der königlichen Bibliothek zu Berlin, welchem auf dem vorderen Vorsetzblatte ein deutsch geschriebener Bericht über den Aufruhr zu Halberstadt (1423) von einer Hand des XVI. Jahrhunderts eingezeichnet ist. Vgl. lateinisch bei G. Schmidt, Urkundenbuch der Stadt Halberstadt II, 76 f. Halle 1879 (in den Geschichtsquellen der Provinz Sachsen). — Für die Leipziger Ausgabe stand mir das Exemplar der Göttinger Universitäts-Bibliothek zur Verfügung. Das Exemplar der Lübecker Stadtbibliothek ist leider hinten defect, so dass die Additionen gänzlich fehlen.
[2] Vgl. Homeyer, Sachsenspiegel, 3. Ausg., S. 77.
[3] Sitzungsberichte CI, 756 mit N. 4. Vgl. oben §. 2, N. 2.

Die im Vergleich zu D abundierenden Stücke und Zuthaten der Primärdrucke reihe ich auf Grund des Baseler den Additionen der Dresdener Handschrift gehörigen Ortes ein. Ich gebe sie da mit kleinerer Schrift, wo sie aus den anderen Additionen-Handschriften nicht zu belegen sind (18). Ebenso stelle ich den Eingang des Baseler Drucks voran. Die in den Primärdrucken fehlenden Additionen, von denen ich nur die wichtigeren mittheile, sind durch fett gedruckte Nummern hervorgehoben.

Die Reihenfolge bestimmt sich danach, dass bei jedem Artikel des Sachsenspiegels sämmtliche Additionen zum Texte denen zur Glosse vorangehen. Die Stichworte des Textes oder der Glosse, nach der Lesung der Dresdener Handschrift, zu welchen die Additionen in Beziehung gebracht sind, zeichnet gesperrter Druck aus.

Mit dem Abdruck der Additionen verbinde ich die nöthigen literarischen Angaben. Die Hinweise auf die Stendaler Glosse (§. 11, Alinea 6) entnehme ich theils dem Augsburger Primärdruck von 1516, theils meiner Abhandlung über dieselbe.[1] Wo nichts Anderes bemerkt ist, handelt es sich bei der Stendaler Glosse um den deutschen Text des Sachsenspiegels.

Zur leichteren Uebersicht diene der nachfolgende Schlüssel der gebrauchten Variantenbuchstaben, wonach im Ganzen zwölf Texte (7 Handschriften und 5 Drucke) verglichen sind.

A = Augsburger Druck 1496.
B = Baseler Primärdruck 1474 (§. 1).
D = Dresdener Handschrift 1460 (§. 3, Nr. 1).
G = Görlitzer Handschrift 1470 (§. 4, Nr. 3), mit eingeschalteten Additionen.
L = Leipziger Primärdruck 1488 (§. 1).
La = Leipziger Handschrift 1434 (§. 5).
Lb = Leipziger Handschrift 1461 (§. 4, Nr. 4).
Q = Quedlinburger Handschrift 1454 (§. 3, Nr. 2).
S = Sondershausener Handschrift 1475 (§. 4, Nr. 2).
St = Stendaler Druck 1488.
W = Wolfenbütteler Handschrift (§. 4, Nr. 1).
Z = Zobel's erste Ausgabe 1535 (§. 7).

[1] Sitzungsberichte C. 887 ff. 1882.

B No ift zu wiſſen, das man hir noch vindet alle zuſeczt, genant in dem latin addiciones, die do hyn vnd her in deme ſachſenſpigel oſwendig des textis vnd der gloſen ſoltent geſchreben ſtehen, die ſeyn alle hir noch czu ſampnen geſatcz vnd doch vnderſchreidelichen. Alſo wo mit diſſen czeichen ( ) ader den glich in dem ſachſenſpigel eyn wort ingefloſſen iſt, das bedut, daz obir das ſelbige wort gehorit eyn addicio. So ſaltu abir hir noch ſuchen das ſelbige ingefloſſen wort mit den obgenanten czeichen, vnd daz ſunderlichen ſtehit in einer linien. Dor noch vindeſtu geſchreben die addicio. So machſtu denne iczliche ſchriben an ire rechte ſtadt. Vnd ſo beginent ſich hir addiciones obir daz erſte buch, geordiniret, als ſie in dem ſachſenſpigel noch einander volgen.

Erstes Buch.

1) I, 1 ‚got'] Got hat dorumb von hymmele das Reich laſſen werden, uſſ das¹ recht were uſſ² erden, ut li. iij ar. liij³ in prin[cipio] glo[ſe]. (GQSZ.) B. 1. L. 1

2) Gl. ‚welchs iſt das hochſte'] Ap der bobiſt hocher ſie, danne⁴ der keyſer, vide jnfra li. iij ar. lvj.⁵ (LbQSW. — Z in der Glosse.) L. 2

3) Gl. ‚Der keyſer nymmet ouch czyns⁶ von gotiſhuſern'] ut xi q. i ‚magnum' [cap. 28].⁷ Hette her ſeyn reich von deme bobiſte,⁸ ſo mochte her von den kirchen⁹ keynen zcinß¹⁰ nemen ader tributum.¹¹ (SW.) B. 2. L. 3

4) Gl. ‚das her widder die criſtenheit nichten en thu'] vide li. iij ar. vij ‚Der Jode' et lxiij ‚Conſtantinus.'¹² (QSW.) B. 3. L. 4

5) Gl. ‚vmb offinbare funde']¹³ ut¹⁴ in c. ‚nouit' [13]¹⁵ ‚de Judic[iis]' [II, 1]. (Q. — S in der Glosse.) B. 4. L. 5

---

¹ LGS fh. dat (das). ² L. fh. der.
³ L. xlvii. ⁴ W adir.
⁵ LbS lvij. SW fh. in glo[ſa]. L faſst die ganze Addition im Sinne der päpstlichen Anſprüche: De pares is hoger, den de keyſer, li. iii articulo xlix.
⁶ ouch czyns] DLbQ nicht.
⁷ ut bis ‚magnum' fehlt S.
⁸ B fh. nicht.
⁹ den k.] LW der kerke (kirchen).
¹⁰ keynen zcinß] L nene tinſe. ¹¹ L tributh.
¹² In L zu dem regierenden ‚vnde doyngen' gestellt und verkürzt: li. iij ar. vij et lv.
¹³ In BS ist das Stichwort ‚Conuenior' aus dem in der Glosse vorhergehenden Citat, in L das spätere ‚ſturen'.
¹⁴ B El. ¹⁵ BS fh. extra.

6) Gl. (Citat) „*pecunia*'] *ibi eft textus:* [1] „*Si quis pecunia*'[2] u. s. w. bis „*repellere*' [Dist. 79, cap. 9].[3] (LbQW. — S am Rande und zugleich in der Glosse.)

7) I, 2, §. 1 „*wanne her zcu feynen tagen komen ift*'] *Wanne eyn man* [4] *zcu feynen tagen* [5] *komen ift,*[6] *hoftu jnfra* [7] *li. i ar. xlij* [8] *et lxij.*[9] (GLabQSW.)

8) §. 2 „*richtere*'] *Nota,*[10] *die dingpflichtigen* [11] *fint dem richtere von irem* [12] *eygen* [13] *keyns* [14] *pflichtig, danne alleyne das fie fin ding fuchen.*[15] *wanne fie das thun, fo haben fie ir eygen kegen deme richtere*[16] *gebuffet,*[17] *vnde haben is domit entpfangen.*[18] (GLab QSWZ.)

§. 3 „*eynen froneboten*'] *vt jnfra li. iij ar. xlv.*[19] (GSZ.)

9) §. 4 „*pflichtig*'] *wer die fint,*[20] *li. iij ar. lxi*[21] etc. (GSWZ.)

10) „*alle vngerichte, das an den lip*'] [22] *welch vngerichte an den lip geht,*[23] *li. ij ar. xxx,*[24] *welch an die hant*[25] *geht,*[26] *li. ij ar. xvj.* (LaQSWZ.)

---

[1] *ibi eft textus*] L *Dar is de teſt.*
[2] DQ „*pecuniam*'.
[3] BSW fh. *vt lx* (SW *lxxix*) *dif*[tinccione].
[4] *eyn man*] La *eyner.*   [5] LaW *jaren.*
[6] *komen ift*] L *kumpt.*
[7] *hoftu jnfra*] La *Require.*
[8] G hat von der ganzen Addition nur das Citat *li. j ar. xlij*'.
[9] W *xliii.* — *et lxij* fehlt LLa. Lb abweichend (mit rother Schrift): *wie her zcu tagin kommen ift, l. i. R*[ubrica] *lxii* (darunter schwarz *xlij*).
[10] La *Meryke hir, das.* — *Nota* fehlt G.
[11] W *pflegehafftenn.*
[12] *von irem*] L *vor nen.*
[13] *irem eygen*] Lb *eigens.*
[14] Z *nicht.* Lb fh. *nicht.* Q fh. *nur.* GLa fh. *mehir.*
[15] Das Uebrige fehlt Z.
[16] G *gerichte.*
[17] LGLab *gelofet (geloſt).*
[18] Wie in G steht obige Addition auch in der sonst nicht hierher gehörigen Göttweiger Handschrift, Homeyer Nr. 275 (*Df*), im Text und in übereinstimmender Fassung. Homeyer N. 13 ad h. l.
[19] Z *lxv.*   [20] *wer die fint*] Z *Qui funt.*
[21] W *lxvj.*   [22] BL haben zum Stichwort „*Vngerichte*'.
[23] *welch bis geht*] Z *Welchs das fey.*
[24] La *xiij.*   [25] L *hut.*
[26] *welch an die h. g.* fehlt Z.

11) Gl. ‚*jd en darff man des nicht gerugen*'] *Der*[1] *do nicht volgit.*[2] *ift her abir*[3] *in wertlichem gerichte getotit, man fal on nicht rugen,* Inſtitu. ‚*de perpe*[tuis] *et temp*[oralibus] *ac*[cionibus]' [IV, 12]. §. ‚*nos* [lies non] *autem*' [1]. (LaQSW.)

12) Gl. ‚*in viertagen*'] *welche rechte virtage ſint,*[1] *li. ij ar. x in gloſa,*[5] *lehnr. c. iiij in glo*[ſa].[6] (QSWZ.)

13) Gl. ‚*lantfeſſen*'][7] *eczliche lute*[8] *ſagen, das die heiſſen*[9] *ſcheppinbar vrie lute, die do ander vrien haben,*[10] *die do ſcheppin geſin mogen. Die ſagen vnrecht, wanne*[11] *die heiſen ſcheppinbare lute, die ir eygen frie haben, do won ſie ſcheppin ammecht haben mogen.*[12] (LbQSW.)

14) Gl. ‚*als wir dich hirnach berichten*[13] *wollen*'] *Nota*[14] *li. ij ar. lix.*[15] *Nota*[16] *ſynnonima*[17] *lantſeſſin, czinſlute rude birgelden, lehnr. c. lxix ante ſi*[nem] *g*[loſe].[18] (GQSW.)

---

[1] Vor *Der* ſchicken BL voran *vel* (L ohne *vel*) *ibi debet poni:* ‚*Man ſal'* etc.
[2] L *vorluſt.* — *Der* bis *volgit* fehlt La.
[3] Q fh. *in pinlicher clage.*
[4] *welche* bis *ſint*] Z *Viertage ſein.*
[5] BLSWZ fh. *et.*
[6] In DS ist diese Addition ohne Stichwort mit der vorhergehenden combiniert. In QW steht sie, wie in BL, gesondert zu dem ausgehobenen Stichwort.
[7] BL stellen die obige Addition richtiger zu dem Stichwort ‚*Scheppinbar*' resp. ‚*Schepenbarvry*'.
[8] *lute* fehlt W. [9] *heiſſen* fehlt DSW.
[10] *die do* bis *haben* fehlt DSW.
[11] Das Folgende stützt sich auf die Buch'sche Glosse: *Schepenbare eygen ſyn, de eygen vry hebben, wen dat ſy dar ſchepen aff weſen ſcholen.* Vgl. auch die Stelle der Glosse zu III. 73 (nicht 76) bei Stobbe, Zeitschrift für deutsches Recht XV, 333, N. 55 a. E. 1855.
[12] In B weicht die Addition von dem Wortlaut der Handschriften folgendermassen ab: *Scheppinbar frei ſint die, dy do ander freien haben, die do ſcheppin ſein mogen. Ader ſage, als hir in gloſa.* Aehnlich L: *Schepenbar vry ſint, de er egen vry heben. Eder ſegge, alſe hir in glo*[ſa]. Vgl. die vorige Note.
[13] In BW zu ‚*Wollen*'.
[14] B *Scilicet.* — *Nota* fehlt LbQW.
[15] *Nota* bis *lix* fehlt G. W giebt das Citat abgesondert. Lb als Interlinearglosse.
[16] G fh. *hic.*
[17] *ſynnonima* fehlt B.
[18] *ante ſ. g.*] G *in gloza.*

15) 1, 3, §. 3 „*fich zcu der fippe geczigen*‘]¹ *Illam regulam intellige fecundum declaracionem ar. xvii jnfra li. i*, *videlicet*² *non in collateralibus, ut ibi, fed afcendentibus et defcendentibus,*³ *et in ifto iniquiffime errant magd*[eburgenfes] *nolentes intelligere ius clarum*.

Gl. *„alfo froneboten‘* | *Vnd henger, die dy*⁴ *luthe von gerichts wegen toten, heiffen ouch ritter*.⁵ (W. — SZ in der Glosse.)

16) Gl. „*Diffe nedericert nemen der ufficert erbe vor alle, die feythalben geborn fint*‘] *ut*⁶ *jnfra e. li. ar. xvij*.⁷ *Nota,*⁸ *ift nymant nedericart zcu nemen*,⁹ *fo nemen is, die officart fint*,¹⁰ *vor alle die*,¹¹ *die fiethalben dorczu geborn fint*.¹² *das ift dorvmb*,¹³ *das ‚is nicht uß deme bofeme geth, die wile der rechte bofeme do ift,‘ ut infra e*.¹⁴ *ar. xvij*,¹⁵ *ut*¹⁶ C. ‚[de bonis,] *que liberis*‘ [VI, 61] *l. i. vide* C. ‚*de fuis et legit*[imis] *here*[dibus]‘ [VI, 55] *auten. ‚in fucceffione‘ et in l. ij* C. ‚*ad fena*[tus] *conful*[tum] *orphi*[tianum]‘ [VI, 57]. (GLbQSWZ.)

BZ fh. *Nota*,¹⁷ *magdeburgenfes et lipfenfes pronunctiant contrarium, quia pronunctiant*,¹⁸ *quod auus fiue auia et frater fiue foror patris vel matris*¹⁹ *fimul fuccedunt*.²⁰ Vgl. oben N. 3 zu Nr. 15.

Gl. *„wiffe auch, das der bobift mag alle recht vnde priuilegia vorkeren‘*] *Ouch fage, worumbe wolde der babift vnfer alde recht*

---

¹ Iu l. zu dem Satze der Glosse, auf welchen sich Nr. 16 bezieht.
² *videlicet* fehlt L.
³ Das Folgende in L abweichend: *Et magdeburgen*[fes] *et liptzen*[fos] *pronunciant contrarium, quia pronunciant, quod auus fiue auia et frater fiue foror patris uel matris fimul fuccedunt.* Uebereinstimmend mit dem Zusatz zu Nr. 16 in B.
⁴ W do.
⁵ Die Buch'sche Glosse an der angeführten Stelle sagt: *Alfe vronebodeu, dy heyten ock ridder.*
⁶ Z *Concordat.* ⁷ *ut* bis *xvij* fehlt GLb.
⁸ W *Item.* ⁹ *zcu nemen* fehlt GLbZ.
¹⁰ *fint* fehlt GLbW. ¹¹ *alle die*] Z *allen andern.*
¹² Aus den Sippzahlregeln III. §. 4. Wasserschleben, Prinzip der Successionsordnung. Gotha 1860. S. 24 mit S. 128.
¹³ *das ift dorvmb*] Z *Racio.* ¹⁴ BGLbW fh. *li*[bro].
¹⁵ *die wile* bis *xvij* fehlt Z. Die folgenden Belegstellen sind in GLb übergangen. Statt dessen fügt G hinzu: *Nota hic, quod directi excludunt collaterales.* In Z stehen die Belegstellen mit dem Zusatz des Baseler Primärdrucks als gesonderte Addition.
¹⁶ BW *et.* ¹⁷ Z *Tamen.* ¹⁸ *quia pr.*] Z *fcilicet.*
¹⁹ Z fh. *defunctis.* ²⁰ Z *fuccedant.*

verkeren,[1] *wenne her fie wol vorbeffern magk? noch deme mal*[2] *der keifer diffe recht gefaczt hat, wanne*[3] *der keifer macht hat, wertlich recht zu fetczen, vnd der babift daz geiftliche. vnd die altfaren fachfen vernemen diffen ar*[tikel] *alfo: ‚Habe der babift irloubit, weip czu nemen in deme funften gelede, Da mitte mag her vnfer lantrecht vnd lehenrecht nicht geergert haben, daz man fich moge*[4] *in deme funften gelede nemen.'*[5] *Vnd alfo was meifter kilenkoch,*[6] *der monch von dem orden heremitarum, der diffen artickel ftraffte, diffes artikels*[7] *nicht irfaren.* *vnd von dem correlario mag das fein, das eyn weip ires mannes erbe nemen magk, wenne fie keyne kinder hat vnd ire man keyne*[9] *nehir magen, wenne feyn*[10] *wip in dem funften gelede hat etc., vt patet in textu.*[11] (SW in der Glosse.) Vgl. oben §. 8, Nr. 1.

17) Zu demselben Stichwort.] Anstatt der vorigen Addition wiederholen DL den in L fehlenden, in D aber vorhandenen Schlusssatz der Glosse zu I, 3: *Wiffe auch, das der bobft alle priuilegia vnde recht vorkeren mag, wo fie vnredelich vnde widder der felen feligkeit fint, ut ‚de conftitu*[cionibus]' [I, 2] c. ‚licet' [1] li. vj.

18) I, 4 ‚altvile'] *alteuil,*[12] *id eft der zeu*[13] *uil hat, fcilicet utrumque fexum,*[14] *ut ermafrodita.*[15] (LaSWZ.) Aehnlich eine Randglosse des Tammo von Bocksdorf zum ‚Codex Mogunt. II.' Spangenberg, Beyträge S. 44 und Homeyer, Sachsenspiegel, 3. Ausg., S. 160.

---

[1] Mainzer Codex von 1421 *ergeren.* Sitzungsberichte CVI, 208.
[2] SW fh. *das.*   [3] W *fo.*
[4] *das man fich moge* (d. h. dürfe) statt *daz fich moge* (d. h. Magen). Sitzungsberichte CVI, 209 mit N. 4. S liest richtig *das fich mag.*
[5] Sachsenspiegel I. 3, §. 3 am Ende.
[6] Klenkok. W *kylenbach.* S *cleinkoch.*
[7] Der Mainzer Codex fh. *fin.* Sitzungsberichte a. a. O., S. 208.
[8] *diffes* bis *irfaren*] W *der fich diffes ar. nicht erfarnn hatte.*
[9] W *keynen.*
[10] So in W. Mainzer Codex *fin.* BS *frei (freye).*
[11] *vt patet in textu* fehlt S.
[12] Z *Alij ‚Altuille'.*
[13] Z *alzu.*
[14] Z fh. *als zers vnd fudi,* wie im ‚Vocabularius' (Homeyer, S. 160).
[15] S *hermofroditus. — ut c.* fehlt Z. La kürzer: *Is heyft alzenbele, ut ermofroditus.*

19) I, 5, §. 1 „*vngeteilt*‘] *Nota, ift her uſgeteilt.*¹ *ſo hat her glichwol ſien teil*² *an den erſtorbin gutern, ab die*³ *der elderuater gelaſſen hat, wich*|bild] *ar. lxij, de quo vide hic ſtatim.*⁴ (GLabQSWZ.)

20) „*Des en mag der tochter kinde*‘] *Illud eſt correctum,*⁵ *ut dicit jnfra glo*[ſa], *de quo habetur in auct. „de here*[dibus] *ab inteſ*[tato]· [IX, 1 = Nov. 118] §. „*nullam*‘ [4].⁶ (LabQZ.)

21) §. 2 „*gerade*‘] *Was zcu der gerade gehort, li. primo ar. xxiiij.*⁷ (LabZ.)

„*Eyn weip*‘] *De hoc vide jnfra e. li.*⁸ *ar. xxi in gloſa.*⁹ (LbQWZ.)

22) §. 3 „*Der pfaffe nympt gliche teil*‘] *Concor*[dat]¹⁰ *jnfra e. li. ar. xxiiij.*¹¹ *Do hoftu, das man den frauwen, die do erbe nemen, nicht darff*¹² *gebin die gerade. ſage, man ſal genis vornemen von der*¹³ *nyfftelu vnd auch*¹⁴ *von den frauwen nach eyns mannes tode. Abir pfaffen vnd tochtere die nemen die*¹⁵ *gerade vnd an*¹⁶ *erbe. Racio, wanne die ſone nemen darkegen*¹⁷ *das hergewette vnd das lehn.* (GLaSWZ.)

Gl. „*ader ſeyne kinder ſint nicht ebinburtig*‘] *Ebinbort ift vierley, vt li. iij ar. lxxiiij in gloſa in fine et jnfra ar. xvi*¹⁸ § *i*¹⁹ *et wich. ar. iij.*²⁰ (SW.)

Gl. „*Das ſagit her abir von elichen frauwen*‘] *De hoc vi*[de] *lehenre*[cht] *c. xxxi in glo*[ſa]. (GLbQZ. — SW in der Glosse.)

---

¹ Q *vngeteilt.* LaSW *vſgerad.* — *iſt her u.*] L *were de ſone afgedelet eder a ſye ſundert.*
² L *erſdel.* ³ *ab die*] L *de.*
⁴ W fh. *infra.* LbS fh. *infra poſt duas rigas.* Z hängt einen längeren Zusatz aus der Leipziger Schöffenpraxis an. *de bis ſtatim* fehlt LGLa.
⁵ B *incorrectum.*
⁶ La verkürzt: *eſt correctum, ut in glo*[ſa].
⁷ BLD *xxviij.* Lb *xxiij.* ⁸ Q fh. *j.*
⁹ *in gl.* fehlt L. Z fh. *& weich*[bild] *ar. xxij col. pen*[ultima] *in glo*[ſa].
¹⁰ GLaSW *Contra.* ¹¹ BL *xxiij.* ¹² L *dorſt.* ¹³ GLaSW *den.*
¹⁴ Z *nicht.* ¹⁵ *die* fehlt BZ. L *dat.* ¹⁶ *an* fehlt BLZ. GLaSW *ouch.*
¹⁷ *darkegen* fehlt G. *Racio* bis *darkegen*] L *dariegen nemen de ſone.*
¹⁸ W *xxj.*
¹⁹ §.· i] W *in fi.* „*Nymand*‘ *etc. in g*[loſa]. S ebenso, ohne *in fi.*
²⁰ SW fh. „*Von vndirſcheid eigenn vnnd frei*‘.

Gl. ‚wanne alle die werlt genufet ires gebetis'] Vide jnfra li. ij ar. xxvij et li. iij ar. lxx.[1] (GLbZ.)

23) I, 6, §. 2 ‚Wer das erbe nympt'] Is heift allis[2] erbe, das zcu der kirchen nicht[3] gehorit, xij q. iij c. ‚nulli quicunque' [2] et c. ‚obitum' [2. C. XII. qu. 5], ‚de teft[amentis]' [III, 26] c. ‚relatum' ij [12].[4] Item der erbe fal auch vorftolin gut widder geben, ap[5] hers reich[6] wurden ift, jnfra li. ij ar. xxxj in fi. g[lofe] § i.[7] (Z.)

24) ‚die fchult gelden'] Hoc verum puto, fi fecit inuentarium. alias enim heres[8] tenetur ad folucionem omnium debitorum, ut C. ‚[de iure] deli[berandi]' [VI, 30] l. ‚fcimus autem duas' [22].[9] et dicunt quidam, quod[10] heres habet x dies ad faciendum inuentarium a morte defuncti, ‚de rap. [?] c. ‚fignificauit.' fpe[culator][11] uero dicit, quod habet[12] xxx dies[13] a die adite hereditatis et xl[14] ad conplendum,[15] v[i]de] in fpe[culo] ‚de inftru[mentorum] edi[cione]' [Lib. II Partic. 2] § ‚dicto' [16][16] ver[bis] ‚in huiusmodi autem.'[17] hoc naturale de iure imperiali, fecus de iure faxonum, quia ibi non curatur inuentarium.[18] Der grösste Theil der Addition bis an hoc naturale wörtlich aus der Stendaler Glosse zum lateinischen Text.

[1] GLb lxxix. Z lxxx.
[2] Is h. allis] L Alle dat het. [3] nicht fehlt Z.
[4] ij fehlt L. Bis hierher wörtlich aus der Buch'schen Glosse. Der Rest steht in Z gesondert.
[5] L iffet, dat.   [6] LZ ryker (reicher).   [7] §. i fehlt L.
[8] Hoc bis heres] L quia, fi non fecit inuentarium, heres.
[9] ‚fcimus autem d.'] L ‚fanximus'.
[10] dicunt quidam, quod fehlt L.
[11] Das ist Wilhelmus Durantis.
[12] quod habet fehlt L.   [13] dies fehlt L.
[14] Stendaler Glosse quadraginta. Richtig lx.
[15] Das Uebrige in L abweichend: hoc de iure imperiali. fed de iure faxonum non curatur inuentarium et ad nihil tenetur, nifi quod probatum fuerit, amplius non, nifi penam et wergeldum.
[16] D ‚dari'.
[17] Durandi Speculum Juris. Francofurti 1612. Fol. Pars II, p. 365, col. 1, Nr. 21.
[18] BLa substituieren folgende verkürzte und an L (N. 15) anklingende Fassung: Hoc eft verum fecundum 'iura imperialia (La fh. ut Supra), fecundum autem s. s. [i. e. speculum saxonicum] non. Quicquid probatum fuerit, dabit, amplius non (La et non amplius), nifi cum pena et wergeldo. La noch mit der Variante nam ftatt fecundum autem s. s. non.

25) ‚ader burge was wurden'] Nota enim, textus eſt hic tranſpoſitus; debet ſic ſtare: ‚dube nach roub nach toppelſpil iſt her nicht pflichtiq zcu geldene, nach die ſchult ader wo her borge was wurden, wanne der her widderſtatunge entpfing.'[1] Jure enim ſaxonum huiusmodi[2] ratione fideiuſſionis predeceſſor conueniri non poteſt, ut dicit glo[ſa].[3] ita[4] eciam in practica ſeruatur. (GQ.)

‚Die ſchult ſal der erbe gelden'] Man ſal die[5] erben noch toder hant[6] ſelbſibende irynnern.[7] K[cquire] li. iij ar. xli § vlt i.[8] et wich. ar. xxvi ‚Nu vernemet' et ar. lxvij in gloſa in medio[9] et lehenrecht c. xlv[10] in gloſa etc. (LaSWZ.)

Gl. ‚nach keyſerrechte en darff her der erbe nicht alleyne gelden'] Vt li. iij ar. vi §. ‚vertoppelt' et wich. ar. ci[11] et libro ij ar. lx §. ‚welch man' etc. (LaS. — W in der Gloſſe.)

26) Gl. ‚was abir eyn ſchilling iſt, als du vindiſt'] Keyn richter ſal richten obir toppelſpel nach vmbe buſſe gelt[12] nach vmbe wette gelt[13] nach vmbe allerhande[14] vorpflichtunge, ut C.[15] ‚de alea[toribus]' [III, 43] l. i. et wich. ci.[16] (Z. — SW in der Gloſſe.)

Gl. ‚ſcheppinbare frey ſint'] Vnd ouch noch frone rechte ader wichbilden rechte[17] ſo ſint ouch[18] ſcheppenhar frie, die czu deme ſtule geſwaren haben, vnd ouch alle dy yennen,[19] die in deme frone vnbeſchulden von iren vir anen[20] ſitczen, vnd die man ouch zu ſcheppin kyſen[21] magk, ap mans bedarff.[22] (LaZ. — SW in der Gloſſe.)

I, 7 ‚Wer icht burgit ader gloubit'] Concordat wich. arti. lxxv ‚wirt eynem manne'[23] et lxxxviij ‚leyge vnd not'

---

[1] Nota bis ‚entpfing' fehlt G.
[2] G heres.   [3] G fh. jnfra.   [4] G Itaque.
[5] SW den.   [6] noch t. h.] L na dem toden.
[7] L vorinren. — Man bis irynnern] Z verkürzt Selbſibende.
[8] §. vlti. fehlt L.
[9] et ar. lxvij bis medio fehlt LZ.   [10] Z xlvj.
[11] Das Uebrige fehlt LS. S abweichend: Wy man vorſpell gut widdir erkrige, haſtu jnfra li. iij ar. vj et wich. arti. cj.
[12] buſſe gelt] BSZ boß (bös) gelt. L bote.
[13] wette gelt] LZ wergelt.   [14] S ander haule.   [15] Z ff.
[16] Z fh. et infra li. iij ar. vj.   [17] ader w. r. fehlt L.
[18] L de alle.   [19] yennen fehlt L.   [20] L mannen.   [21] Z welen.
[22] ap mans b. fehlt Z.   [23] Das Uebrige fehlt L.

§ *vlti. et lehenrecht c. xix ‚ap eyn man' et xlvi ‚nicht wanne drie fachen.'* (SWZ.)

27) ‚*das fal her ftete halden*'|¹ *Contra*² *li. iij ar. ix*³ *in glo*[*fa*].⁴ *Sage, her fait do non vnmogelichen gloubden, der*⁵ *darff man nicht halden.*⁶ (GLbQSWZ.)

‚*mit feyme eyde*'] *Et fic iuramentum cedit*⁷ *loco folucionis, l. ‚iufiurandum*' [27] *ff ‚de iure iuran*[*do*]' [XII, 2]. *vnde*⁸ *dicunt vulgares: Talis*⁹ *foluit debitum cum*¹⁰ *iuramento, et non folum per iuramentum folucio, fed eciam ex quibufcunque alijs legittimis probacionibus oftenditur,*¹¹ *vt C. ‚de probacioni*[*bus*]' [IV, 19] *l. ‚proprietatis'* [4].¹² (SWZ.) Der erste Satz stammt aus der Stendaler Glosse, im Augsburger Primärdruck an die Buch'sche Glosse angehängt. Sitzungsberichte C, 890, N. 2.

‚*der fachwaldige*'] *Nota hic, der fachwalde darff nicht fweren, dorumbe das der richter vnd fcheppin haben gefwaren iczlichem zu feynem rechten.*¹³ *Similiter verum eft*¹⁴ *de arbitris et compromiffarijs.*¹⁵ (LaWZ.)

I, 8, §. 3 ‚*Sune*'] *Wich. ar. liij*¹⁶ ‚*Wo abir fune*' et *lxxxv ‚Wirt abir*' etc. (LaSWZ.)

28) ‚*felbfebinde*'] *Vornym in pinlicher fache, abir in burglicher fachen felbdritte.*¹⁷ *alfo helt is auch die gewonheit,*¹⁸ *do man*

---

¹ In G ist die Addition an die Glosse zum vorhergehenden Artikel angehängt, mit Umstellung des *Contra* u. s. w. hinter *gelden* (unten N. 6).
² BZ *Concordat.* L *de hoc.*   ³ L *xli.*
⁴ *in gl.*] L *in prin*[*cipio*]. Das Folgende in L abweichend: *alle vnmogelike louede dorft me nicht holden*. In Z verkürzt und Lateinisch: *ibi de impoffibilibus*.
⁵ GLb *dy (die). — der* fehlt DQ.
⁶ G *gelden. — halden* fehlt DQ.
⁷ *iuramentum cedit*] Stendaler Glosse *ius iurandum fuccedit.*
⁸ L *et hoc.*   ⁹ L *hic.*
¹⁰ *debitum cum* fehlt L.
¹¹ *per bis oftenditur*] L *fit folutio iuramento, fed qualibet legitima probatione.*
¹² Z hat nur das Citat.
¹³ *vnd bis rechten*] Z *gefchworen hat, yder recht zu thun.*
¹⁴ *Similiter verum eft*] LaZ *Idem.*
¹⁵ W *compromifforibus.*
¹⁶ L *lii.* Das Uebrige fehlt L.   ¹⁷ Q *felbfibinde.*
¹⁸ *alfo bis gewonheit*] La *et fic tenet confuetudo.* Der Rest der Addition fehlt LGLaZ.

burglich clagit. Clagit man abir in pinlichen fachen,[1] fo mus man die fune[2] geczugen felbfebinde, ut[3] dicit textus.[4] (GLaQSWZ.)

29) Gl. ‚fo vorlore der antwerter den lip‘] Vornym in pinlicher clage, vnde auch das her offinberlich der tat[5] bekenne[6] in feyner antwert. Brengit her aber die fune in eynem wanne[7] vor, fo ift her nicht obirwunden, in c. ‚cum venerabilis‘ [6] de excep[cionibus]‘ [II, 25] et in c. ‚excepcionem‘ [12] et ‚de re|gulis] iur[is]‘ [V, ult.] li. vj. (GLaQS. — Z in der Glosse.)

30) I, 9, §. 6 ‚zcu laffene‘][8] Vornym, ab is lehngut ift. ift is abir erbe ader eigen, fo mus hers laffen, ut fiat differentia illorum paragraphorum, ut eciam hic glo[fa] dicit in fine. uel[9] dic[10] et[11] melius,[12] quod eft differentia inter vendentem,[13] quia[14] tenetur tradere, et inter eius heredes, quia[15] non tenentur tradere, ut dicit ftatim[16] glo[fa] jnfra.[17] et tex[tus] loquitur de vendicione, quia fecus eft, fi fieret[18] aliud pactum, ad illud heres obligatur indiftincte, quia in devendicione[19] habet locum pecunia dando[20] intereffe, ut in iuribus in glo[fa] alle[gatis]. fecus in alio[21] pacto uel alia[22] promiffione. (SW.)

31) Gl. ‚wie falde danne yenner feyns geldis[23] entpern‘] Das[24] ift der verkouffer.[25] vornym das, alfo[26] das erfte teil fpricht: wanne der erbe des kouffes louckent. Das ander teil fpricht: wanne der erbe des kouffes bekennet vnde wil geczugen, das fin

---

[1] in p. f.] BSW pinliche fache.
[2] die fune] W das.   [3] BSW fh. hic.
[4] dicit t.] W in ter[tu]. In D ist obige Addition fehlerhaft zu ‚felbfebinde‘ §. 1 statt zu §. 3 gestellt.
[5] der tat] L de clage.   [6] Z bekennet.
[7] in eynem wanne] GLaS in eyner were. BLZ feyner were (fyner wer).
[8] In BS zu den voraufgehenden Textworten ‚laffen fulde‘.
[9] uel fehlt B.   [10] D di̊ = dicit.   [11] et fehlt L.
[12] et melius fehlt W.   [13] S cedentem.   [14] BLSW qui.
[15] Wie vorige Note.   [16] ftatim fehlt L.
[17] jnfra fehlt W. L fh. eo[dem].   [18] W fiat. BS fuerit.
[19] BLSW vendicione.   [20] BLSW danda. L fh. et.
[21] L aliquo.   [22] alia fehlt BSW.
[23] Zu ‚geldis‘ in DQ, zu ‚yenner‘ in W. La ohne Stichwort. BL stellen die Addition zu ‚vnd‘ in dem späteren Satze der Glosse ‚vnde verczugit feynen redelichen kouff vnde pfennige‘.
[24] Q Diß.
[25] Das ift der v. fehlt BLG, ist aber in BG in die Glosse herübergenommen.
[26] Das bis alfo fehlt La.

vorfarn[1] *hat*[2] *das gut gekoufft*[3] *vnde gelt doruff gegebin.* (G La QSW. — Z zweimal.)

Gl. „Johannes der deuczfche faget von den erben, vnde wer une not vorkoufft"] *Dy mogen daz gelt wider geben vnd feyn loß.* (S in der Glosse.)

Gl. (Schluss) ‚etc.'] *Nota hic addicionem.*[4] *Ouch merke von kouffe infti.* ‚*de emp*[cione] *et vendi*[cione]' [III, 23] § x [jetzt §. 3]. *Wenne der kouff vnd verkouffunge volczogen*[5] *ift, vnd das*[6] *man vmbe daz gelt obirein kommen ift, vnd das do kein fchrifft obir gegeben wirt, der fchade des verkoufften*[7] *gutis*[8] *gehorit deme von ftunt an, der is gekoufft*[9] *hat, wol das daz dingk*[10] *dem kouffer nicht geantwert ift. Item § xi* [§. 3 verb. ‚*Itaque*'].[11] *dor noch*[12] *fteit, was gefchijt ane trogene vnd ane fchult des verkouffers, was fchade dem kouffer gefchijt,*[13] *des ift der vorkouffer*[14] *ficher. Item von lehene ff* ‚*de periculo et commodo rei tradite*'[15] [XVIII, 6, 1. 15]: „*Si vina, que in doleis*[16] *erunt*[17] *vendita, et antequam ab emptore tollerentur, fua natura corrupta fuerint, fi quid de bonitate eorum affirmauit*[18] *venditor, tenebitur emptori. Quid, fi nihil affirmauit? emptoris erit periculum, quia non deguftauit vel deguftando male probauit.*'[19] (In SW der Glosse angehängt.)

32) 1, 10 ‚*cleydere vnde ors vnde pferde*'][20] *Vnde auch allerleie*[21] *varnde habe, fo doch das der uater die gabe thu zcu*

---

[1] *fin vorfarn*] B *feyne vorfaren*.
[2] BZ *haben*, und zwar in B aus Ende des Satzes, in Z hinter *das gut* gestellt.
[3] W *vorkaufft*.
[4] *Nota hic addicionem* fehlt LS.
[5] L *vulkamen*.   [6] L *wen*.
[7] LW *gekoftes (gekoufften)*.
[8] SW *dinges*.   [9] S *vorkoufft*. Vgl. unten N. 14.
[10] L *koft gud*.   [11] S *xij*. W *i*.
[12] *Item* bis *dor noch*] L *in dem negeften §*.
[13] *was gefchijt* bis *gefchijt*] L *wat gefchichtes eder vngelukes dem gekoften dynge wedervart ane des verkopers fchult vnd drogen*.
[14] *der vorkouffer*] L *he*. S *der kouffer*. Vgl. oben N. 9.
[15] L ‚*vendi*[te]'. — *Item von l.* bis ‚*tradite*' fehlt W.
[16] *doliis*.   [17] SW *erqut*. Wie Haloander.
[18] W *affirmabit*.   [19] L *fh. fibi imputet*.
[20] In BL zu dem vorhergehenden ‚*cleydere*'.
[21] StS *alle*.

der czeit, alſo her ¹ von rechte geben mag,² ut jnfra e.³ ar. lij.⁴ (GQSWZ.)

B ſh. Wenne is der vater geben mag, R[equire] li. ij ar. lij et jnfra e. li. ar. liij.

33) ‚Stirbit dornach ſeyn vater, her en⁵ darff‘] Des glichen vernym auch⁶ von der tochter,⁷ ap ſie⁸ der geſmücke gebin,⁹ alſo der vater dems ſone,¹⁰ wich. ar. lvij in glo[ſa].¹¹ Merke den text, do her ſpricht¹² ‚teilen.‘¹³ weren ſie abir mete uſgerat ader beſtatit,¹⁴ ſo muſten ſie is yn brengen, welden ſie mete den¹⁵ vnbeſtaten¹⁶ ſweſtern ader brudern¹⁷ teilen¹⁸ nach lantrechte,¹⁹ ut jnfra e.²⁰ ar. xiij. was abir uſgerat ſie,²¹ hoſtu wich. ar. lvij in g[loſa].²² (GLaSWZ.)

34) I, 11 ‚von vngelucke‘]²³ Is ſie danne, das eyn bruder, der mit den andern brudern vngeſundert iſt,²⁴ vormunde were,

---

¹ L fh. ſe.
² L möchte. Q ſal. — zcu bis mag fehlt Z.
³ e[odem] scil. libro. ⁴ Z liij et li. ij ar. lij.
⁵ In BL zu ‚vater‘. ⁶ vernym auch] La iſt zu vernemen.
⁷ der tochter] La den tochtern. ⁸ La die muter.
⁹ La gegebin hette. — ap bis gebin] Z vnd yrem geſchmuck.
¹⁰ alſo bis ſone fehlt Z.
¹¹ La fh. ante ſi[nem]. G fh. vnd es der vater geben mag, vt jnfra e. li. ar. lij.
¹² den bis ſpricht fehlt La. do bis ſpr. fehlt Z.
¹³ GLa ‚ſy endurffen is nicht teyelen‘.
¹⁴ uſgerat ader b.] Z abgeſundert.
¹⁵ BLGLaSW iren (eren). St deen. ¹⁶ L vnbegeuen.
¹⁷ ſweſtern ader br.] S geſwiſtern adir kindern. — ader brudern fehlt GLa.
¹⁸ L' deil nemen.
¹⁹ welden bis nach l. fehlt Z. nach l. fehlt GLa.
²⁰ Siehe N. 3. ²¹ La heiſſet.
²² was bis g. fehlt Z. Statt dessen BLGSW ausführlicher: Nota (L ohne Nota), vſ gerath iſt alſo vil geſprochen, als zu rathe vſgeſaczt vſ ſeines (L des) vater vnd muter brote in ſeyn eygen brot mit abeſunderunge des gutis, daz ſie annamen wollen, vi[de] (L vt) wich. vbi s[upra] (W ar. lvij in g[loſa] statt vbi s.).
²³ In BLQS ist diese Addition zu ‚der kinder vormunde‘ in dem letzten Satze des Textes gestellt.
²⁴ der bis iſt] So in L. B der mit den andern vngeſundert were. GLaQW der andern brudere (W kindern), mit den her vngeſundert (Q geſundert) iſt. S den andern, mit den her geſundert iſt. D fehlerhaft der andern brudern mit dem geſunderten iſt.

der darff¹ nicht rechen,² ut³ jnfra e. li. ar. xxiij.⁴ (GLaQSWZ.)

I, 12 ‚Vorſpelt'] jnfra⁵ li. ij ar. lx ‚Welch man' et li. iij ar. vi ‚vortoppelt' et wich. ar. c⁶ ‚Eyn iczlich man' §. vlti. et ar. ſequen[ti] cum glo[ſa] etc. (LaSWZ.)

35) I, 13, §. 1 ‚an der vnbeſtaten ſiceſter, ſie muſſen yn die teilunge⁷ brengen'] Nota, ſuper illo articulo magd[eburgenſes] male⁸ ſentenciant⁹ et eum male feruant, quia ipſi ſentenciant¹⁰ indiſtincte: ‚wo mit¹¹ die tochter abegeſundert iſt, do mus ſie eyne genuge an han,¹² vnde ſie kan dornach zcu glicher teilunge nicht komen, ab ſie welde ynbrengen, wo mete ſie abegeſundert were.'¹³ contrarium huius¹⁴ manifeſte diſponit ille articulus.¹⁵ ſed magd[eburgenſes] addunt: ‚Is were danne, das deme vater ſin gut anirſtorbin were, ſo mag her die tochter nicht abegeſundern, ſie nymmet glich wol teil¹⁶ mit den¹⁷ andern erbin.'¹⁸ ſed¹⁹ addunt: ‚noch wich[bilde] rechte.' ſunder nach lantrechte tunc procedit ille articulus. (SW. In Z der Gloſſe angehängt.)

36) I, 14 Gl. ‚vnde²⁰ keyſer fredrich gap das lehnrecht'| Wil²¹ der²² bruder das lehnrecht halden,²³ ſo neme ich das erbe,

---

¹ L dorſt.
² In Z lautet die ganze Addition abweichend: Der vngezweite bruder darff ſeinen brüdern nicht rechen.
³ der darff bis ut fehlt GLa.
⁴ B fb. Idem vide jnfra in addicione circa arti[cu]lum xxiij. Vgl. unten Nr. 44.
⁵ LaS Require. ⁶ La Cj.
⁷ In BL zu dem vorhergehenden ‚ſweſter'.
⁸ male fehlt L. ⁹ L ſentiunt.
¹⁰ L ſentiant. — ipſi ſ.] Z tenent. ¹¹ wo mit] L Wen.
¹² do bis han] L ſo mot ſik nogen laten.
¹³ S wirt. ¹⁴ huius fehlt L. W illius.
¹⁵ contrarium bis articulus fehlt Z.
¹⁶ glich wol t.] BL glichen teil (geliken deil). ¹⁷ den fehlt DSW.
¹⁸ ſie nymmet bis erbin] Z ſo das ſie nicht gleichen theyl neme.
¹⁹ Z Et.
²⁰ In B zu dem ‚etc.' am Schluſſe der Gloſſe geſtellt. Ebenſo in GSZ der Gloſſe angehängt. In La iſt die Addition mit der Gloſſe zu I, 14, §. 1 zuſammen hinter der Schlusschrift des Codex nachgetragen.
²¹ Z ſchickt vor Wil voran: Vnd Keyſer Friderich ſatzte diſ alſo.
²² Wil der] L Wil ein. BGWZ Welde meyn. LaS Wenne wolde myn.
²³ lehnrecht h.| BLLaSWZ lehengut behalden (leengut beholden). G lehengut haben.

douon fo gebe ich ym keyn teil.¹ So wurde her mich beclagen vor dem lantgerichte,² fo mufte³ her mir danne widder antwerten, anders darff⁴ her mir vmbe⁵ lehn⁶ nicht antwerten vor deme lantgerichte.⁷ das is abir meyn bruder⁸ alleyne behalde, hoftu lehnr. c. vj in g[lofa]. wanne do is ym fin vater uffliß, vnde der herre em das leig, do was is fin, vnd darff is mit feynen brudern nach feynes vater tode nicht teilen. doch fo gewynnen is ym die andere brudere an zcu lantrechte;⁹ wanne nach lantrechte follen fie glich teilen,¹⁰ alfo hir. Et a contrario fenfu¹¹ wich. ar. lvij in g[lofaſ.¹² Abir die gewonheit hat beftetiget das lehnrecht, fo das is der bruder zcuuor behalden moge. Tene menti.¹³ (GLaQSW. — Z hinter der Gloſſe, mit der Bemerkung am Rande: Sequitur additio Bogsdorff.)

I, 15 Gl. (Citat) ‚preterea‘] Nota hic, wie fibenerleie dinft ift an einem vermieten gute, vt jnfra li. ij ar. lix¹⁴ ,wil ein herre feinen czinſman‘ in glo[fa] poft principium et lehenrecht c. ‚Wer‘¹⁵ in glofa. (LaZ.)

37) Gl. ‚vnde her doran beweyfe redeliche fache‘] Nota bene:¹⁶ Is ift nicht gnug, das ich fpreche: ‚das ding ift meyn, vnde wil das meyn machen‘, funder ich mus¹⁷ dorczu bewiffen redeliche fache, wurumbe is meyn ift.¹⁸ (GLaQSWZ.)

Gl. ‚das man lipliche¹⁹ bewiffen mag‘] Vnd ich fpreche: ‚liepliche‘, als fehen vnd vernemen.²⁰ (La. — SW in der Gloſſe.)

---

¹ das erbe bis teil] L em fyn deil
² LaS lantrichter. L landrechte. ³ L mot.
⁴ anders darff] L fus dorfte. ⁵ L vp. ⁶ W lehurecht.
⁷ BLLaSZ lantrichter. G lantrechte. W lehnhernn.
⁸ is bis bruder] GLaS heiß (her iß).
⁹ GLaS fh. czu gleichem teile.
¹⁰ wanne nach l. bis teilen fehlt LaS. In G ans Ende geftellt. Siehe unten N. 13
¹¹ Et bis fenfu fehlt LDQ.
¹² Bis hierher in S der Gloſſe angehängt, das Uebrige am Rande. Der Reſt fehlt La.
¹³ G fh. wenne noch lantrechte fullen fie gleich teilen. Vgl. oben N. 10.
¹⁴ In Z nur das Citat: vt li. ij ar. lix.
¹⁵ c. ‚Wer‘] La ar. lx.
¹⁶ Nota bene fehlt GLa. bene fehlt SW.
¹⁷ L doch. ¹⁸ wurumbe bis iſt fehlt La. ¹⁹ ‚lipliche‘ fehlt DG.
²⁰ L abweichend: Dat ik lifliken fen hebbe eder vornamen.

Gl. ‚*das man uff eynen man mit worten faget*'] *Als daz*[1] man einen czihet *rueciſslichs*[2] *dinges.* (La. — SWZ in der Glosse.)

38) I, 16, §. 1 ‚*vorluſt*'] *Vornym*[3] *zcu dem male, ut jnfra li. ij ar. vj et li. primo ar. xxxij.*[4] (GLaQSWZ.)

‚*lantseſſen recht*'] *Concordat*[5] *li. iij ar. lxxx.* (GQZ.)

39) I, 18 Gl. ‚*gehort is eyme nicht*'][6] *Vornym*[7] *nach ſechſiſſchem rechte, ut jnfra*[8] *li. ij ar. xxxiiij in glo*[ſa] *ultra medium.*[9] *Intellige,*[10] *ſi iuramentum*[11] *defertur a parte parti; alias contra, de quo vide jm richtſtige, ubi*[12] ‚*die virde burgliche claye fromet*[13] *douon*' [11, §. 1] *in fi.*[11] *vide eciam jnfra li. iij ar. xxij poſt principium gloſe. Et quomodo iuramentum defertur a parte parti, vide jnfra li. ij ar. xxij in tex*[tu] *et Supra e. li. ar. vj ibi* ‚*ab der man ſeynes geczuges wil abegehn*' [§. 3]. (LaSWZ.)

40) I, 20, §. 1 ‚*geczune*'] *Do meynt her auch huſere mete, die do ſin,*[15] *li. ij ar. xxi.*

Nota, mit deme worte ‚*czune*' *meynt her auch*[16] *leynwende vngecleibit.*[17] (GLaSWZ.)

---

[1] *daz* fehlt S. W *ap.* [2] *Z vnbeweiſsliches.*
[3] *Vornym* fehlt G.
[4] *et* bis *xxxij* fehlt L. In G folgen die beiden Citate in umgekehrter Ordnung.
[5] *Concordat* fehlt G.
[6] La schickt voran: *Concordat li. iij ar. xxij in glo*[ſa] *circa prin-*[cipium] *et li. ij ar. xxxiiij in glo*[ſa] *ultra medium.*
[7] BLSWZ *Das (Dat, Dis) vornym.* La *Das iſt war.*
[8] *ut jnfra*] S *Et concor*[dat].
[9] *ultra medium* fehlt L. In La ist das Citat an den Anfang gestellt (oben N. 6).
[10] La *et hoc verum.*   [11] *iuramentum* fehlt La.
[12] BLSW *ver*[bis]. La *in ver*[bis].
[13] LaSW ‚*kommet*' (‚*kompt*').
[14] Das Uebrige in La abweichend: *s. s.* [i. e. *speculo saxonico*] *li. ij ar. xxij, do ſthet, wie der man ſelbir ſage etc., ut ibidem.*
[15] BLGLaSWZ *ſtehen (ſtan).*
[16] *mit* bis *auch*] GLa *czewne daz ſeyn* (La *weren*).
[17] Das zweite Alinea, welches in DGLa mit Add. 41 verbunden ist und in D hinter Add. 42, in G ausnahmsweise am Rande der Glosse steht, haben BLSWZ in folgender abweichender Fassung: *vernym, die do* (L ohne *do*) *vngecleibet ſeyn vnd ſlecht vffgehauwen* (A *auffgehauwen*). Z fh. *vnd alſo noch nicht vorbracht nach gehaben.*

41) „*vnde czymmer*‘]¹ „*Czymmer*‘, *das ist eyn uffgehauwen gebude,² gesatczt ader³ vngesatczt,⁴ gebuwet ader vngebuwet,⁵ das⁶ do mit die czogen⁷ vnbesloffin⁸ ist.* (GLaSWZ.)
BSW fh. *Sage, daz huser, die do vnbecleibet sein vnd flechts vffgericht, die heiffen ‚czymer‘. wanne die namen sollen bequeme seyn den dingen, anders hette ye der text gesprochen von husern vnd nicht von czymmere etc.*⁹

42) §. 2 „*mit deme gebuwe rumen*‘] *Nu mochte eyner sprechen: nymmet doch die*¹⁰ *frauwe keyn*¹¹ *gebude. sage, das kommet douon, das man sie*¹² *dormete nicht nur*¹³ *bemorgengabit durch missesten*¹⁴ *der dorffere. wurde abir eyne*¹⁵ *domit bemorgingabit, so hilde man is also, als is alhir stet geschreben. Sunder man left sie nu nicht*¹⁶ *dormete bemorgingaben, uff das die gutere nicht wuste werden,*¹⁷ *ut infra li. ij ar. xxi in* g[losa]. (SWZ.)

Gl. (Citat) „*dicat*‘] *In libro*¹⁸ *feu*[dorum] *R*[ubrica] „*de confue*[tudine]‘ [II, 33] *Do steit: kriget der herre mit weme,*¹⁹ *weiß man, daz her recht hat, adir zwiuelt man dor an, der man sal deme herren helffen. Ist daz abir offenbar, das her vnrecht hat, er sal*²⁰ *ym helffen zu seyner beschirmunge. Wil der herre abir ymande*²¹ *beschedigen,*²² *der*²³ *man mag ym helffen, ab er wil. Ouch steit in den nehsten geallegirten allegaten:*²⁴ *were der herre zu*

---

¹ BSW schicken voran *Item nota* (W ohne *nota*).
² BLSW *huß vnd gebuwede* (*hus vnd gebuw*).
³ B *vnd*. ⁴ *ader vngesatczt* fehlt LLaS.
⁵ *gebuwet ader vngebuwet*] BLGSW *bewart adder* (L *vnd*) *vnbewart*. La nur *vnbewart*. GLa fh. *vnd vmberleibit* (*vngecleibet*).
⁶ D *do*. ⁷ *do bis czogen* fehlt L. *die czogen*] BGLaSW *czogebrucken*.
⁸ G *besloßen*.
⁹ Z bietet die Addition nebst Zusatz in veränderter und zum Theil lateinischer Fassung: *Gezimmere sein auffgericht ader vnauffgericht, vngecleybet heuser ader gebeude. Quia uerba debent esse consona rebus, alias dixisset domos*.
¹⁰ BLSWZ *keine* (*neyn*).
¹¹ BSWZ *das*. Vgl. die vorige Note. *keyn* fehlt L.
¹² A *dye*. ¹³ BLSWZ *mehir* (*mer*).
¹⁴ L *mistalt*. St *wuste werdent*.
¹⁵ BSWZ fh. *frauwe*. — *abir eyne*] L *se ouer*.
¹⁶ L fh. *mer*. ¹⁷ *Sunder bis werden* fehlt Z.
¹⁸ L e/i[bus]. ¹⁹ L fh. *vnd*. ²⁰ *er sal*] L *so schal me*.
²¹ L *iennigen*. ²² L fh. *eder schaden*. ²³ L *sin*.
²⁴ *den n. g. a.*] W *dem nehst allegirtten allegato*.

*adir*¹ *von deme konnige in die achte gethan, der man darff*² *ym nicht helffen adir*³ *dynen.* (LaW. — S in der Glosse.)

Gl. ‚*das die sachsen allen frauwen zcu irem eyde gelasen haben*'] *Nu mochstu sprechen: der nicht eyn sachse were, der muchte der*⁴ *frauwen lassin, was her welde,*⁵ *des endorffte eyn ander nicht thun.*⁶ *Ich spreche:*⁷ *ya, wanne is ist keyserrecht,*⁸ *vnd was danne das keyserrecht wil, daz mussen ander recht lyden vnd halden, wanne der keyser ist ein vater des rechten, vt insti.* ‚*qui*[bus] *mo*[dis] *testa*[menta] [in]*firma*[ntur]' [II, 17] §.⁹ ‚*ex eo*' [7] *et in aucten.* ‚*de raptis*¹⁰ *mulie*[ribus]' [IX, 26, al. 13 = Nov. 143]. Diese Addition ist nichts Anderes, als ein nachgetragenes Stück der Buch'schen Glosse, welches an seiner Stelle in den Bocksdorf'schen Drucken, wie in D übergangen ist. In SWZ in der Glosse vorhanden.

43) I, 21, §. 1 ‚*mit erbin gloube*'] *Non*¹¹ *intelligas filios, sed alios heredes, quia filij contradicere non possunt, et hoc*¹² *propter consuetudinem, que hodie seruatur per totum,*¹³ *jnfra li. iij ar. lxxv in glo*[sa].¹⁴ *de hoc vide*¹⁵ *lehnr. c. xxxi in margine.*¹⁶ (GLaQZ.) Vgl. oben §. 3, Nr. 2, Alin. 3.

§. 2 ‚*Lipgeczucht en kan*'] *Racio,*¹⁷ *das macht, daz is in kegen ire*¹⁸ *metegift gedinget vnd' gegeben ist, vnd wirt nicht ehir ire, danne noch des mannes tode.*¹⁹ *vnd ap der man daz bey seinem lebin*²⁰ *mit irer vulbort*²¹ *verkouft,*²² *daz schat ir nicht, sie habe is*

---

¹ *zu adir* fehlt LLaW. ² L *dorst.*
³ LaSW *noch.* ⁴ SWZ *den.*
⁵ *was h. w.*] SW *worczu sie weldin.* Z *wozu er wolde.*
⁶ SW *fh. Solucio. — des bis thun* fehlt Z.
⁷ *Ich spreche*] Z *Sprich.*
⁸ *ya bis keyserrecht*] SWZ *das dis* (Z *das,* S *is das*) *keyserrecht sei.* Z *fh. dis aber sey sach[s]senrecht, das dorffen nicht alle leute leyden.* Der Rest fehlt Z.
⁹ B *c.*   ¹⁰ B ‚*raptu*'.   ¹¹ G *Nota per hoc.*
¹² *et hoc* fehlt BGLa.
¹³ *et hoc bis totum*] Z *de consuetudine hodie.*
¹⁴ Z *fh. & glo*[sa] *hic sequenti.*
¹⁵ *de hoc vide*] L *et.*
¹⁶ B *glo*[sa]. — *de hoc bis margine* fehlt Z.
¹⁷ *Racio* fehlt W.   ¹⁸ *in kegen ire*] L *in erer.*
¹⁹ *noch bis tode*] L *de man doet is.*
²⁰ *seinem lebin*] L *erem leuenden.*   ²¹ L *vorwillinge.*
²² LSt *vorkofte.*

danne rerſwaren. dorumbe¹ may ſie² is noch tode ires mannes widder fordern von eynem iezlichenn etc.³ (LaSW.)

44) ‚bynnen irem rechten¹ tedingen‘] Das ift bynnen⁵ dren virczen tagen⁶ von der czeit, als is ir irkant⁷ ift, das fie is vnbillich gelaſſen habe. wanne, wen⁸ eyner gut⁹ left, der mus is bynnen¹⁰ vi¹¹ wochen widder in feine gewere nemen,¹² lehnr. c. lxix et lviij et lix. (SWZ.)

Gl. ‚Neme auch eyn man czwey wip‘] Doch mogen ſie ire lipgedinge rſthun vnd vermyten. Sie follen is abir den erben vor anbieten, anders mogen ſie is nicht rſthun ader vorkouffen, vt wich. ar. lvi ‚Keyn weyp‘ in glo[ſa] ante medium etc. (La.)

Gl. ‚domete eyne frauwe ire lipgedinge vorwirken mag‘] Vornym diſ, daz is war ſie,¹³ ap is ir man widderte vnd wider dingen liſſe vor deme lehenherren¹⁴ adir vor gerichte. blebe ſie aber ſuſt ſitczen bey ires mannes leben, noch ſeynem tode mochtens ſeyne erben nicht gebrechen etc.¹⁵ (LaSWZ.)

Gl. ‚Dis were widder die recht, die kir vor ſtehn geſchreben‘] vt Supra e. ar. in glo[ſa] in ‚daz virde‘ et Supra ar. v in glo[ſa].¹⁶ (GS. — W in der Gloſſe.)

45) Gl. ‚Dis entrichte alfo‘]¹⁷ Nota bene illam diftinccionem, quia magd[eburgenſes] indifferenter pronunccint, quod uxor retinet¹⁸ bona eciam propter adulterium a viro dinorciata, quod eſt contra illam diftinccionem et contra caſum Supra notatum in g[loſa].¹⁹ (LaSW. — Z in der Gloſſe.)

¹ L ſus. ² S fh. nicht.
³ La fh. vi[de] wich. ar. xxj, quando hoc verum eſt.
⁴ In DL iſt die Addition fehlerhaft zn ‚geſcheiden‘ im letzten Satze geſtellt.
⁵ A bey. L in. ⁶ virczen tagen] L vireldagen.
⁷ BL gekundiget. W vorkundiget. Z kundt.
⁸ B weme. ⁹ L ſin gud. BSW feine (ſeyn) lehen.
¹⁰ A bey. L in. Vgl. oben N. 5.
¹¹ BLSW ſechs (vi). D vir.
¹² wanne bis nemen] Z ſimile in feudis.
¹³ St ys. — Vornym bis ſie] La Nota, hoc intellige verum SZ Nota, hoc verum. W Nota, hoc eſt.
¹⁴ A lehenrecht. ¹⁵ La fh. vi[de] ut Supra in v ar. in margine.
¹⁶ SW haben nur das zweite Citat.
¹⁷ In L zu ‚geſcreuen‘ im vorhergehenden Satze, dem Stichwort der Addition B, 64.
¹⁸ Z retinent. ¹⁹ caſum bis g.] L multa iura.

Gl. „*das ir eyme yn eyn geiftlich lebin welde*"] *Das muß*
*gefcheen mit des andern wille.*¹ (GZ. — SW in der Glosse.)

46) I, 22, §. 1 „*Der erbe*"]² *Nota*,³ *fecundum magd*[eburgenfes] *heres tenetur foluere exequias.*⁴ *fed fecundum leges communes impenfa funeris*⁵ *ante omnia ex hereditate deducitur,*⁶ *et procedit omne creditum et es alienum,*⁷ *ut in* fpe[culo] „*de inftru-*[mentorum] *edi*[cione]" [Lib. II Partic. 2] §. „*ut autem caute*" [12] *circa fi*[nem]" ver[bis] „*circa legata vero fcias*" ⁹ *et in addi*[cionibus] [nämlich fpeculi] „*de parro*[chiis]" [Lib. IV Part. 3] ver[ficulo] „*pone rei.*"¹⁰ (SWZ.) Aus der Stendaler Glosse zum lateinischen Text.

§. 2 „*Ift en abir*"] Concordat wich. ar. *lxxviij* in glo[fa] *et jnfra li. ij ar. xxxij.* (La.)

47) „*zcu vil lones gegebin*"]¹¹ *Nota, entget dir dyn knecht, ir die mytunge*¹² *uß get, So darfeftu yn nichtif nicht*¹³ *gebin, et datum reftituat dupliciter,*¹⁴ *jnfra li. ij ar. xxxij.* (GLsQSW.)

48) §. 3 „*mufteilen*"] *Mufteil fecundum magd*[eburgenfes] *ift allis getotis fleisch vnde gefaltczen fleifch vnde getrocken*¹⁵ *fleifch, et non*¹⁶ *maft fwyn, dorczu alle*¹⁷ *mufkorn, alfo etc. erbiß,*¹⁸ *alles*¹⁹ *brotkorn, ane fatkorn,*²⁰ *vnde brot vnde getrencke.* (SWZ.) Der

---

¹ *des andern wille*] G *irer beider willen.*
² In D ist die Addition für sich und ohne Stichwort fälschlich der Glosse zu I, 21 beigeschrieben. In L ist sie ebenso fehlerhaft mit der Addition 45 der Dresdener Handschrift verbunden (vgl. die nächste Note). Dass sie zu I, 22 gehört, zeigt ihr Inhalt und die Stendaler Glosse. In W steht sie bei I, 22.
³ L fh. *circa eandem* gl[ofam], *quod.* ⁴ L *exceffus.*
⁵ *communes impenfa funeris*] L verderbt *fi communes impenfe fuerunt.*
⁶ L *deducuntur.* ⁷ *es alienum*] L *omnis res aliena.*
⁸ Das Uebrige fehlt L.
⁹ Durandi Speculum (oben S. 257, N. 17) l. c. p. 330, col. 1, Nr. 45. Der Rest fehlt WZ.
¹⁰ Die Stendaler Glosse hat „*po. rei*". Das Citat scheint verderbt.
¹¹ In DQ zu „*vorlouckent*", dem Anfangswort des nächsten Satzes.
¹² *die m.*] L *de tit der medinge.*
¹³ *nichtif nicht*] SW *nichtis* (*nichts*), ohne *nicht*. GLs *nicht* (ohne *nichtif*). L *neyn lon.*
¹⁴ *dupliciter* fehlt L. La *duplicatum.*
¹⁵ SW *getruget.* — *getotis* bis *getrocken*] Z *gefalzens vnd gereuchert.*
¹⁶ *et non*] LSZ *vnd nicht.* W *Abir nicht.*
¹⁷ *alle* fehlt L. ¹⁸ W fh. *grotze.* S fh. *lynfen.* ¹⁹ D *als.*
²⁰ Z *famen.* — *ane fatkorn* fehlt W.

Inhalt stimmt nahezu wörtlich mit der Stendaler Glosse zu derselben Textstelle. Sitzungsberichte C, 922 f. Nr. 17. Vgl. unten B, 68.

Gl. ‚das ift des hsrn'] Die wile her¹ dint. (GLa. — S in der Glosse.)

Gl. ‚mufteiln, das ift die fpeyfe teiln'] Das ift trugefleifch, gefaltczen fleifch, korn mel etc., et wich. ar. xxiiij in principio glo[fe]. (La. — W in der Glosse.)

49) I, 23, §. 2 ‚torheit'] Die wert biß² xxi iarn. danne fo ift is³ komen zcu feynen tagen, ut jnfra in glo[fa] et jnfra ar. xlij in g[lofa[.⁴ (GLaQSWZ.)

50) ‚der en darff keynem manne berechen']⁵ Vornym das, wo her in vngefundertem gute fitczt mit den kindern.⁶ Ift her abir gefundert, fo mus her berechen.⁷ wen eyn iczlich vormunde, her⁸ fie erbe ader nicht, der mus rechen dem kinde,⁹ wanne is¹⁰ zcu feynen¹¹ iaren kommet,¹² anders nicht, wanne her mochte alle feyne gutere vorthun.¹³ Sunder ehe¹⁴ is zcu feynen iaren kommet, fo mus der rechen, der nicht erbe ift. Aber der do¹⁵ erbe ift,¹⁶ der darff nicht ehr rechin, das kint kome danne zcu feynen iarn.¹⁷ hoc verum, fi habet¹⁸ bona diuifa,¹⁹ ut wich. ar. xxvj in medio glo[fe], ut²⁰ eciam hic glofa dicit in fine.²¹ (GLaQSWZ.)

---

¹ A der. ² LGLaQWZ fh. to (zcu). ³ L he. ⁴ et bis g. fehlt L.

⁵ So BSW. D stellt die Addition unpassend zu ‚berechen' in dem früheren Satze ‚deme fal des kindes vormunde berechen', Q zu dem folgenden ‚des kindes gut'. L bleibt fraglich, da das Stichwort im Text nicht markiert wird. G verlegt die Addition hinter ‚burgen fetczen'.

⁶ Z. brudern. ⁷ Vornym bis berechen fehlt La.

⁸ wen bis her] La Nota hic, der vormunde. ⁹ dem kinde] L den kinderen.

¹⁰ L fe. ¹¹ L eren.

¹² L kamen. G fh. et jnfra in nottula. Nota, der vormunde fey erbe adir nicht u. s. w. mit Wiederholung des vorhergehenden Passus bis kompt. ¹³ anders bis vorthun] BLGLaQSW anders (La fh. fo) mochte er alle fein gut (Q feyne guter, L fine guder) verthun.

¹⁴ G wenne. ¹⁵ W nicht eyn.

¹⁶ Aber bis ift fehlt LDQ.

¹⁷ BGLaSW fh. et hic. — das kint bis iarn fehlt GLa.

¹⁸ BLaSWZ habent. ¹⁹ BSWZ indiuifa. L diuerfa.

²⁰ B et. ²¹ ut eciam bis in fine fehlt L.

Gl. ‚*Das virde ift eyn vnde czwenczig iare*‘] *Das wiffe, das ein kint kompt zu feinen tagen,*¹ *wanne is xxi iar alt,*² *Als hir.*³ *Wiffe ouch, das diffe keyn teftament fetczen mogen: Als vnmundige kinder, tobende lute, dy nymme fynne*⁴ *haben, fpellute, ftummen, blinden, vnd dy verthumet fyn zu dem tode, vt in fumma*⁵ *azonis*⁶ *,qui teftamentum facere poffunt*‘ [VI, 22].⁷ (GLa. — SW in der Gloſſe.)

51) Gl. ‚*alfo ab eyn bruder feynes bruders kindere vormunder were*‘] *Idem intellige de alijs coniunctis, alfo bruder kindere, wo fie gancz vngefundert fin. nota bene.* (GLaSW.)

52) I, 24, §. 1 ‚*veltpferde*‘] *Vornym ftrinczen.*⁸ *wanne alle menliche thir gehoren zcu dem erbe, lehnr. c. lvj in g*[lofa].⁹ (GLaQSW. — Z in der Gloſſe.)

BGSWZ ausführlicher: *Nu mochftu wenen,*¹⁰ *daz man ouch ftudpferde meynte, wanne dy heiffen*¹¹ *ouch veltpferde,*¹² *vnd man muß die*¹³ *huten. Sage neyn, her meynt hir mete ftrintzen.*¹⁴ *vnd*¹⁵ *fpricht der text ,fwine*‘ [§. 1], *dor meynt her fuwe methe, wanne alle menliche thir gehorn zu dem erbe.*¹⁶ *Wayn*¹⁷ *pferde vnd pflugpferde gehorn nicht zu der morgengabe etc.*¹⁸ *Nota, kuwe vnd kelber vnd ftudpferde, die man nicht ynfpennet, die gehoren noch lantrecht zu der morgengabe vnd gerade, aber noch wich*[bild] *gehoren fie zu deme erbe.*¹⁹ Schiller und Lübben, Mittelniederdeutsches Wörterbuch IV, 437. 1878 voc. *strintze.*

---

¹ La *iaren.*   ² SWSt fh. *ift (ys).* A fh. *wirt.*
³ Das Uebrige fehlt G. La hat den Rest der Addition besonders und den Anfang als Einschaltung zur Glosse.
⁴ *nymme fynne*] A *nymmen fynn.* SW *nymmer fynnen (fynne).*
⁵ S *fentencia.*   ⁶ B *afonis.* ·
⁷ Summa Azouis. Basileae 1572. Fol. col. 595, §. 1.
⁸ Sachsenspiegel III, 51, §. 1 *veltstriken.* Homeyer S. 346 mit N. 28 und im Register S. 491 voc. *Veltperde.*
⁹ *in g.* fehlt La.   ¹⁰ St *menen.*   ¹¹ Z *feindt.*
¹² GSWZ *velt genge (veldyeng).*   ¹³ St *fe.* G *ir.*
¹⁴ G *ftrinczel.* St fh. *edder moderen.*   ¹⁵ GSW *Ouch.* ·
¹⁶ Bis hierher GS. SWZ fh. *lehnr. c. lvj* (Z *lv*). Das Folgende in Z gesondert.
¹⁷ *Wagen.* Vgl. Lexer, Mittelhochdeutsches Handwörterbuch III, 646. 1878 voc. *wain.*
¹⁸ Das Uebrige in W getrennt.
¹⁹ WZ fh. *wich. ar. xxvj.* Aehnlich lautet die Addition in L: *Her meynt hir nene ftodperde, funder he meynt perde mit ftrutzen. he fecht ok ‚mefte*

„czunu͏̈nge vnde czymmer"] *Czune vnd¹ geczymmer gehorit²
zu morgengabe, als der text hir spricht. Das saltu also³ vornemen:
Czune⁴ daz sint czunstecken vnd gerten,⁵ dy nicht volkomen sint.
das gezune⁶ mag dy frauwe vff sliſſen⁷ vnd rff ire gut setczen,
ap die erben daz geczune⁸ nicht gelden⁹ wollen.¹⁰ Abir czymmer,
daz ist gebuwe, daz do vngericht ist,¹¹ ader gericht vnd vngedacket¹²
vnd nicht volkommen ist,¹³ daz mogen die erben losen, ap¹⁴ sie
wollen etc.* (SW.)

53) §. 2 „Gemeste swyn'] *Vornym, die do gesaltczen sin
vnd geteilt.¹⁵ suft gehoren sie zcu dem erbe. wanne musteil ist
eyne spisse, die eyn man zcu seyner notdorfft geslan hat, wich.
ar. xxiiij¹⁶ in g[losa].¹⁷* (GLaQSW. — Z in der Glosse.)
Martitz, Güterrecht des Sachsenspiegels. Leipzig 1867, S. 107,
N. 7 am E. mit S. 74, N. 13. So viel ich sehe, die einzige
von Martitz benutzte Stelle der Additionen.

54) §. 3 „das zcu der gerade gehoret"] *Wo abir¹⁸ die nyfftel
gerade nympt der frauwen, die sal¹⁹ dem manne bereyten sin²⁰
bette, ut jnfra li. iij ar. xxxviij in tex[tu].* (QSW.)

„schoff'] *Nota,²¹ wiſſe ouch,²² daz die frauwe alle schaff ires
mannes nympt zu gerade. Hette aber ein²³ man²⁴ eynen sunder-
lichen schaffhertten,²⁵ die sein wern,²⁶ die gehoren²⁷ irer²⁸ nyftel
swyne'* [§. 2], *wente alle minschlike deer horen to dem erue. wagenperde
vnd pluchperde horen to morgengaue. Ko vnd keluer, rynder, stodperde,
de me mede in spannet, de horen na lantrechte tor morgengaue vnd tom
gerade. Sunder na wich[belde] horen se tom erue.*

¹ *Czune vnd* fehlt L. ² L *horen*.
³ *W ouch*. ⁴ L *tymmer*. ⁵ St *roden*. L *tun roden*.
⁶ *das gezune*] St *de thune*. L *dat getymmer*.
⁷ *vff sliſſen*] St *aſſbreken*. L *vth sluten*.
⁸ *daz geczune*] St wie oben N. 6. L *dat timmer*.
⁹ LSt *betalen*. ¹⁰ L *wolden*.
¹¹ *do vngericht ist*] L *me noch nicht vpgerichtet heft*.
¹² L *nicht gedecket*. ¹³ *vnd nicht v. ist* fehlt L.
¹⁴ L *iſſet dat*. ¹⁵ Z fh. *zu sticken*. ¹⁶ R *xxiij*.
¹⁷ BZ fh. *et Supra ar. xxij, vt notani etc.* LSW fh. *et supra ar. xxij*.
¹⁸ *Wo abir*] L *wen*. ¹⁹ *die sal*] L *seal se*. ²⁰ L *dat*.
²¹ LaZ fh. *hic (hie)*. — *Nota* fehlt SW.
²² *wiſſe ouch* fehlt LLa. SW *Hy (Hir) wiſſe ouch*.
²³ La *ir*. Z *der*. ²⁴ Z fh. *sonderliche Schaf odder*.
²⁵ *eynen s. schaffhertten*] La *sunderliche schaffherdin*.
²⁶ *die sein wern*] St *vnd de schape syne weren*. Z *der sein were*.
²⁷ L *horden*. La *geboren*. ²⁸ LaSt *syner*.

nicht, ap sein weip sturbe. Was die frauwe selbir hat[1] *an schaffen, daz erbit sie*[2] *vff ire nehste gespynne.*[3] *Als weip*[4] *vnd meide, die schaff hetten, Das prufe*[5] *hir bey, daz do steit in dem xxxi. ar. hirnoch. Stirbit aber das weip, dy*[6] *erbit keynerleye varnde habe, sunder gerade vnd eigen, ap sie daz hat, vff ire nehste.*[7] *hat sie selber*[8] *keyne schaff, die ire seyn,*[9] *so endarff*[10] *der man seines weibes gespynne*[11] *seyne schaff nicht*[12] *zu gerade geben.*[13] *Et scabini magdeburgen[ses] sic pronuncciant.*[14] (LsSW. — Z in der Glosse.)

55) I, 25 Gl. ‚*die haben vorlorn alle lehn*‘] *Idem*[15] *de iure communi, l. ‚deo*‘ [56] C. ‚*de epi[s]copis] et cle[ricis]*‘ [I, 3]. *vi[de] eciam:*[16] ‚*qui clericus efficitur aut votum religionis assumit, hoc ipso*[17] *feudum amittit*‘, c. ‚*qui clericus*‘ [6] ti. *si de feu[do] contro[versia]*‘ [II, 26][18] *in usu feudorum.* (SWZ.) Aus der Stendaler Glosse zum lateinischen Text I, 25, §. 3.

56) Gl. ‚*her darff or zcu Franckenfurt nicht gebin*‘] *Wo man gloubit zcu halden, do sal mans halden.*[19] (S.)

57) I, 26 Gl. ‚*kommet sust sogetane eynem herren*‘] *Also epte,*[20] *bischoffe vnde eptischynne.* (G.)

58) I, 27, §. 1 ‚*nyfftele*‘] *Ist aber die nyftel auch erbe mete, so hat sie die kore,*[21] *ab sie die gerade nemen wil oder erbe, Supra e. li. ar. xxiiij in fi[ne] g[lose].*[22] (GLaZ. — S am Rande und später abermals in der Glosse.)

---

[1] L *hede*.   [2] L *sik*.
[3] *nehste gespynne*] L *spilmagen*.   [4] St *frowen*.
[5] LSt *marke (mercke)*.   [6] StLsSWZ *se (sie)*. L *dat*.
[7] *ap sie bis nehste* fehlt L.   [8] *selber* fehlt L.
[9] *keyne bis seyn*] L *nein schap, dat er is*.
[10] L *dorst*.   [11] L *spilmagen*.
[12] *seyne schaff nicht*] L *nein schap*.
[13] La fh. *Istam addicionem inveni in s[cabinorum] epi[stola] Magd[eburgensium]*.
[14] *Et bis pronuncciant*] La *et ita est pronunciatum secundum Scabinos M*.
[15] BLSWZ fh. *dicendum est* (LSWZ ohne *est*).
[16] *vi[de] eciam*] BLSWZ *Nam*.
[17] BDSW *ipsum*. — *hoc ipso* fehlt Z.
[18] B ‚*contra fuerit*‘. LSWZ ‚*controuer[sia] fuerit*‘.
[19] In BS Lateinisch: *Qui certo loco soluere promittit, ibi tenetur*.
[20] *epte* fehlt B.   [21] Z *wal*.
[22] *in fi. g.* fehlt L. *g[lose]* fehlt B und S am Rande, steht aber in S in der Glosse.

Gl. „*Gerade ift hupgerethe*‘] *Jam habita eft ibi: „Ift aber dye nifftel auch*‘ *etc.* Vgl. die vorhergehende Addition.[1]

59) I, 28 „*frone boten*‘] *Was aber deme froneboten douon blibit*,[2] *hoftu li. iij ar. lvj.* (GLaZ.)

60) Gl. „*durch des toden bruche*‘] *ut , fi fuiffet hereticus, uel fe ipfum metu mortis*[3] *interemiffet, li. ij ar. xxxij.* (LaSWZ.)

61) I, 29 „*iar vnde tage*‘] *Contra jnfra li. iij ar. lxxxiij.*[4] *Do hoftu,*[5] *man fal is gewceren, die wile eyner lebe.*[6] *ibi foluitur, vide wich. ar. xvj.*[7] *fac diftinccionem, an ab intef*[tato]*, et tunc requiruntur xxx anni; an ex empcione feu donacione feu alio contractu quocunque, tunc fufficit annus. Tene menti, illa eft fententia omnium laicorum, vide jnfra li. ij ar. xliij in glo*[fa] *et li. iij ar. lxxxiij in glo*[fa].[8] *Item contra tex*[tum] *habetur jnfra li. ij ar. vi in fi. ibi foluitur in glo*[fa].[9] (GLaSW.)

Gl. „*Das andere fint heilige ding*‘] *Exemplum*[10] *kilche, meffebucher,*[11] *meffegewant etc.* (WZ in der Glosse.)

62) I, 31 Gl. „*Nu mochftu fagen, ich faite vnrecht*‘] *Vornym*[12] *doran, das her ym text fpricht, das eyn man feynes wibes gut in feyne vormundefchafft nympt*. (GLaSWZ.)

63) I, 32 „*Keyn weip*‘] *Nach keyn man. wanne wer fo an feyme lehne oder an deme*[13] *lipgedinge feyner muter ein eygen zcu fagit, der vorluft is, li. ij ar. xliiij in textu in fi.*[14]

---

[1] Der Verweis erklärt sich daraus, dass der Baseler Primärdruck eine Handschrift vor Augen hatte, in welcher, wie in S, die fragliche Addition zweimal vorkam, zuerst zum Text, dann in der Glosse an der bezeichneten Stelle.
[2] *Was* bis *blibit*] Z *Fronbote, was der douon hat*.
[3] *metu mortis* fehlt L. [4] W *lxxiij*. S *lxxii*.
[5] *Do hoftu*] GLa *vbi dicitur*. [6] *eyner lebe*] GLa *her lebit*.
[7] LaSW *xxj*. G v. Den Anfang bis hierher rückt La hinter die folgende Ausführung. In W fehlt das Uebrige. G fh. *Contra jnfra li. ij ar. vj in fi. Ibi foluitur in glo*[fa]. Vgl. den Schluss der Addition.
[8] In L, mit Uebergehung des Restes, verkürzt: *dat if war, heft he dat ex emptione, donacione uel alio contractu, fecus, fi ab inteftato, fo is em not xxx Jar, wich. ar. xvi, in li. ii ar. xliii in gl*[ofa].
[9] *Item* bis *in gl.* fehlt La. [10] WZ *Alfo (als)*.
[11] *meffebucher* fehlt Z. [12] GLa *Intellige*.
[13] B *feinem*. — *an deme* fehlt LW.
[14] *in textu in fi.* fehlt L. Das ganze Alinea ersetzt La durch eine andere Ausführung, welche nebst dem folgenden Alinea BSWZ in die Glosse recipiert haben.

Fallit,[1] *wanne eyne frauwe hette erbe ader eygen zcu lipgedinge*,[2] *vnde die*[3] *kinder sturben, so sturbe*[4] *der muter das erbe in den schoß, vnde*[5] *behelt danne ir lipgedinge zcu eygen vnd erbit is danne abir nicht*[6] *also lipgedinge, sunder also erbe propter mutacionem.*[7] (LaW.)

64) I, 34 Gl. ‚*is blebe doch des kouffers*‘] *Contra*[8] *li. iij ar. iiij. do spricht die glose:*[9] *‚diewile ich eyn gut vor gerichte nicht vorgebe,*[10] *so ist is nach meyn.‘* (GLaSWZ.) — B, 87

Gl. *sage, is sie gut durch vierleie sache*‘] *Concordat lehenrecht c. xvi et xxxvi. vnd man sal*[11] *gut verrechen in deme gerichte, dor is ynne leyt, ader vor dem hofeherren, vide*[12] *wich. ar. vlti*[mo][13] *in recapitulacionibus. Do haftu ouch, wie lange einer dem andern gewern sal in iiij calumpnis,*[14] *do sal man ouch clagen, li. iij ar. xxxiij §. vlti. et wich. ar. xxi in glo*[sa] *ante medium.* (SWZ.) — D, 88

65) I, 36, §. 1 ‚*befchelden*‘][15] *Hie hoftu,*[16] *dar der vneliche*[17] *vorspreche nicht gesin mag. wanne du hoft jnfra ar. lxi e. li.* [§. 4]: *vorspreche mag*[18] *nicht gesin der, ‚den man an seynem rechten beschelden mag.‘ ergo etc.*[19] (GLaQSW. — Z hinter dem Text des ganzen Artikels.) Vgl. unten Nr. 79. — B, 89

---

[1] La *Sage, quod tex*[tus] *hic fallit*, wie BSW in der Glosse. Vor *Fallit* wird in L vorgemerkt: *In glo*[sa] *eo*[dem] *ar. adde*, während B den Eingang des mit *Fallit* beginnenden Alineas unmittelbar an das vorige anschliesst. Bei der Zählung lasse ich die Trennung in L unberücksichtigt.
[2] Das Uebrige fehlt BW, wo statt dessen auf die Einschaltung in der Glosse (N. 14 zur vorigen Seite) verwiesen wird: *vt jnfra e. ar. in glofa.*
[3] L *er.*   [4] L *steruet.*   [5] L *fh. se.*
[6] L fh. *mer vp ere frunde.*
[7] *propter mutacionem* fehlt L. La fh. *racione deuolucionis, dar vmbe blibet noch differ tex*[tus] *recht*, wie BSWZ in der Glosse. D hat das Alinea *Fallit* zweimal, und zwar einmal in obiger, mit L stimmender Fassung für sich, sodann am Ende verkürzt in Anlehnung an das erste Alinea, dessen Inhalt kurz wiederholt wird.
[8] BWZ *Concordat.*   [9] *die glose*] G *her.*
[10] GLaSW *engebe.*   [11] Z *magk.*   [12] B *et.*
[13] Das Uebrige fehlt Z.
[14] *in iiij calumpnis* fehlt W.
[15] In D fälschlich unter die Glosse zu I, 35 gestellt.
[16] *Hie hoftu*] BQSWZ *Dor vß* (Q *uff*) *mercke.*
[17] *der vneliche*] BQSWZ *eyn vnelicher.* St *eyn vnechte.*
[18] GLaSWZ *kan.*   [19] *ergo etc.* fehlt LaQSWZ.

I, 38, §. 1 ‚*Kempfin*'] *Kempfen das sint dy, die rnbe gelt rechten,*[1] *Ader katzen ritter. die heißit man jm latin*[2] *actores arene.*[3] (LaZ.) Schiller und Lübben, Mittelniederdeutsches Wörterbuch II, 435. 1876 voc. *kattenridder.*

§. 3 ‚*gewynnen*'] *Erbe zu nemen. wanne alle seyn gut das ist vorworcht gut.* (SW.)

‚*yn seyn recht kan her abir nicht widder komen*' (Homeyer N. 23)] *Noch eliche*' *kinder enmag der man jeder nicht gewynnen,*[5] *erbe czu nemen. wenne alle sein gut ist vorworcht gut.*[6] (Z.) Wiederholung der vorigen Addition.

66) I, 39 ‚*wallenden keffel*'] *Das ist abe geleit, vide wich. ar. xxxij in glo*[*sa*] *ante medium.*[7] (GQ.)

67) I, 40 ‚*vnde nicht seynen lip*'] ‹ Contra[9] *e. li. ar. liij.*[10] *Do spricht die glose:*[11] ‚*her vorluft seynen lip.*' *dic, ut ibi in glo*[*sa*].[12] (GQSW. — Z hinter der Glosse.) Vgl. das Facsimile bei Petzholdt, oben §. 3, Nr. 1, N. 3.

BSWZ fh. *Sage, das her sait in dem liij.*[13] *ar. von dem*[14] *stritfluchtigen, der vorluft seinen lip. Hie sait her von dem herfluchtigen, deme vorteilt man seine ere vnd seyn lehen.*[15] Vgl. hierzu die Buch'sche Glosse zu I, 53, §. 2 und Sachsenspiegel I, 40.

68) I, 46 ‚*muffen*'][16] Contra[17] *jnfra li. ij ar. lxiij*[18] *et li. iij ar. xxx.*[19] *Do spricht die glo*[*se*], *das is anders sie nach geistlichem rechte.* (QSW.)

---

[1] St liest mit Nichten *rechten* (Schiller und Lübben), sondern hat nur ein ausgesprungenes *v*, welches dem *r* ähnlich sieht, dessen Reste aber in dem Exemplar der Lübecker Stadtbibliothek noch deutlich erkennbar sind.
[2] die *h.* bis *latin*] Z *latine.*
[3] Z fh. *ut infra eo*[dem] [scil. libro] *art. xxxix in glo*[*sa*].
[4] St *echte.* [5] B fh. *czu.*
[6] *gut* fehlt Z.
[7] GQ *finem.* — *in gl. ante m.* fehlt L.
[8] In B zu ‚*truwelost*'. [9] BZ *Concordat.*
[10] W *lvii.* BZ *lxiij.* BGSZ fh. *in glo*[*sa*].
[11] *die glose*] BGSWZ *her.* Vgl. oben S. 275, N. 9.
[12] L hat nur den Satz: *dic, ut ibi in glo*[*sa*].
[13] W *lvii.* B *lxiij.* Wie oben N. 10. [14] BS *den.*
[15] S *lehnrecht.* Z fh. *aber nit den leib.*
[16] In L zu dem Stichwort der Addition B, 94.
[17] SW *Concor*[dat]. [18] SW *lviij.*
[19] *et* bis *xxx* fehlt L.

‚vormunden‘] *Nota hie, wer abir eyne frauwe antwert-* B. 94
terynne,[1] *daz man zu iren guteren claite,*[2] *vnd hette keynen vor-*
munden, wanne fie danne vor gerichte queme, fo mufte fie von
ftundt einen vormunden kyfen, der fie vorantwertte. adir[3] *wurde*[4]
fellig. Hette fie aber einen rechten vormunden, vnd der were
nicht ynheymifch,[5] *daz her fie verantwertten muchte,*[6] *fo mag fie*
iren vormunden[7] *hinder fich ezihen xiiij tage, daz fie yn vor-*
brengen mogen.[8] (LaSW. — Z in der Gloffe.) Dem Tammo
von Bocksdorf zugeschrieben. Vgl. oben §. 9, S. 242, nebst N. 5.

I, 47, §. 1 ‚eyde‘][9] *Nota hie, daz man dy frauwen nicht* B. 95
obirezugen mayk, vnd daz fie nicht[10] *recht wiffen dorffen.*[11] *Et dic,
quod illud hodie receffit ab aula.* (GSW.)

‚*Er rechte vormunde*‘] *Nota hie, daz*[12] *rechte vormunden* B. 96
heyffen[13] *als eyn man feines weibes ader der nehfte ebinbortige*[14]
fwertmoge. die folen gewere thun vnd leiften[15] *vor fein wip vnd
mundelin.*[16] *Die abir von gerichtis halben zu vormunden gegebin
werden, dorffen des nicht, vt jnfra ftatim in ar. fequenti.*
(LaSW. — Z in der Gloffe.)

69) I, 48, §. 1 ‚*gemacht*‘] *Vide jnfra li. iij ar. xvj et* B. 97
lehnr. c. lxiiij. (GLaQZ.)

‚*klage*‘] *Die zu kampfe gehit etc.* (LaZ.) B. 98

I, 51 Gl. ‚*Die erften fint rechtloß*‘] *Nota,*[17] *wurde eyn* B. 99
geczug angefprochen,[18] *daz er rechteloß were, daz mufte yenner
zu hant bewifen, vt C. ‚de tefti*[bus]‘ [IV, 20] *l. fi quis*‘

---

[1] St *antwerdet.*
[2] *Nota* bis *claite*] La *Item fo man clagete zu eyner frawin gutere.*
[3] St fh. *fe.*   [4] Z *wirt.*   [5] St tho *huef.*
[6] *daz her* bis *muchte* fehlt LaZ.
[7] *iren vormunden*] La *yn.*
[8] WSt *mag (mach).* LaS *moge.* La fh. *vnd fie vorantwerte.* La combiniert damit die Addition B, 96.
[9] G bringt die Addition in den Text des vorhergehenden Artikels. In W ist sie in zwei getrennt und theilweise wiederholt.
[10] St *neyn.*   [11] *vnd* bis *dorffen* fehlt G.
[12] La *welch.*   [13] La fh. *vt in tex*[tu].
[14] *ebinbortige* fehlt La.   [15] La fh. *vnd entphan.*
[16] Der Rest fehlt La, wo die Addition mit B, 94 verbunden ist. Vgl. oben N. 8.
[17] SW fh. *hic.*
[18] *wurde* bis *angefprochen*] W *wenne eyn g. angefprochin wurde.* S stimmt mit B.

[17],¹ *vnd daz fie kein wort vor gerichte fprechen mogen*,² *,de accufa*[cionibus]' [V, 1] c.³ *,omnipotens'* [4]. (SW.) Aus der Bocksdorf'schen Glosse wiederholt, mit Umstellung des letzten Satzes.

70) I, 52, §. 1 *feyn eygen nach feyne lute gebin'*] Contra Supra ar. *xxxiiij. do hoftu, das eyn man mag wol fin eygen vergebin ane des richters orloup. fage, her fagit do uon bewegelichen gutern, hie abir*¹ *von vnbewegelichen.*⁵ *in bewegelichen dingen*⁶ *darf man nicht mer, wanne yens gunft, der is gab,*⁷ *ut jnfra li. iij ar. lxxxiij in glo*[fa]. *vide eciam li. iij ar. iiij in glo*[fa].⁸ (GLaQSWZ.)

71) *funder erben gloube'*]⁹ *Nu mochftu fprechen:*¹⁰ *left doch eyn man fein weip bedingen ane erben gloube, vnde die erben muffen is vefte halden. Sage, feynem wibe mag hers wol thun vnde uff geben*¹¹ *ane erben gloube, ader nicht eynem andern, vide lehnrecht c. xxxi in margine in addicionibus.*¹² (LaZ.) Vgl. oben §. 3, Nr. 2, Alin. 3 nebst N. 4.

72) §. 4 *,vorgebit'*] *Sage,*¹³ *her mag in feynem fichbette vorgebin alfo vil, alfo her obir das bettebret gereichen mag. do von hoftu in dem*¹⁴ *wich. ar. lxiiij in dem biefacze der glofen.* (Q.)¹⁵ Vgl. Sitzungsberichte CI, 797, N. 8, wo die Addition nach der Homeyer'schen Handschrift abgedruckt ist.¹⁶

---

¹ BSW *,autem'*. ² W fh. *extra*. ³ B *l*. ⁴ L *fecht he*.
⁵ Bis hierher in GLa lateinisch. Der Rest in Z abgetrennt.
⁶ L *gudern*.
⁷ *darf* bis *gab*] L *is nicht anders men de gunft des geuers*.
⁸ Die Citate fehlen L.
⁹ In D ohne Stichwort der folgenden Addition nachgestellt.
¹⁰ *Nu mochftu fprechen*] L *dar mochte ein feggen*.
¹¹ *thun vnde uff g.*] L *vp laten eder geuen*.
¹² *in m. in addicionibus* fehlt LLa. La fh. *ponitur in addic*[ionibus] *differentia inter gedingen vnd vudir liken u. s. w.* Z verkürzt die ganze Addition folgendermassen: *Seinem weybe gibt der nun on erben laube, vide lehenre*[cht] *c. xxxj in margine in addi.*
¹³ B *Fczliche fagen, daz*. ¹⁴ *do von* bis *dem*] B *vi*[de].
¹⁵ In Q auf einem eingeklebten Zettel, auf welchem am Rande verwiesen wird mit: *vide cedulam de hoc*.
¹⁶ La hat statt dieser Addition den vollen Zusatz über die Gesundheitsproben des Bürgers in der Form der Petrinischen Glosse und der Bocksdorf'schen Drucke. Sitzungsberichte CI, 796 f. In DQ wird ein langer Zusatz angehängt, der in G für sich dem Texte einverleibt ist.

73) I, 53, §. 2 ‚buße‘] *Concor*[dat]¹ *jnfra e. li. ar. lxij et ar. lxx in gloſa.* (GQWZ.)

§. 4 ‚*Keyn man wettit*‘] *Mercke ouch ym dritten buche ym xxxix. ar. §. penulti. do vindeſtu in ſeiner glo*[ſen]*, wo man deme richter dreiens*² *wettit, vnd iſt doch nicht widder diſſen §, der hir ſtehit: ‚nymant wettit‘ etc.* (SWZ.)

74) I, 54, §. 3 ‚*Czins*‘] *Intellige de cenſu hereditario quocunque facto*,³ *non redempcionis contractu*,⁴ *ſecundum* magd[eburgenſes]. (S.)

75) §. 4 ‚*pfenden*‘] *Vnde jnfra annum et diem, nam poſtea emouentur cenſus et alia communia debita, ſecundum* magd[eburgenſes]. Wörtlich gleichlautend mit der Stendaler Glosse. Sitzungsberichte C, 924, Nr. 30. Im Augsburger Primärdruck übergangen.

76) I, 57 ‚*keyn gerichte*‘]⁵ *Et ſi iudicet,*⁶ *ſententia ſua non valet et eſt nulla. nam que a iudice incompetente fiunt, nulla ſunt,*⁷ *C. ‚ſi a non conpetenti*‘ [VII, 48]⁸ *l. i.* (SZ.) Aus der Stendaler Glosse zum lateinischen Text.

I, 59, §. 1 ‚*ane*‘] *Aliqui*⁹ *non habent illam dictionem ‚ane‘.*¹⁰ *Sed*¹¹ *habent: ‚vff yn ſelber clait‘,*¹² *et hoc vult glo*[ſa] *jnfra iſtius ar*[ticuli]. (LaQS.)

77) I, 60 Gl. ‚*das eyn vorſpreche ſich wol mag laſſen myten*‘]¹³ *Nota,*¹⁴ *eyn vorſpreche*¹⁵ *mag*¹⁶ *wol ſeyne wort ader tat*¹⁷

---

¹ *Concor*[dat] fehlt WZ. B vt.
² WZ *dry ſtunt.* S stimmt mit B.
³ *quocunque facto* fehlt S.
⁴ *redempcionis contractu*] So in S. D *re emptoris contracta.*
⁵ In Z zu I, 55.   ⁶ S *indicat.*
⁷ *nulla ſunt*] Stendaler Glosse *non valent.*
⁸ BSZ fh. ‚*iudice*‘.   ⁹ Q *alij.*
¹⁰ Das Uebrige fehlt QS. *Aliqui* bis ‚*ane*‘ fehlt La.
¹¹ La *alij.*   ¹² Homeyer, N. 2 ad h. l.
¹³ In L zu dem Stichwort der folgenden Addition gestellt. QS verlegen die Addition hinter B, 106 und verbinden beide zu einer.
¹⁴ BQS *Vnd.* La *Alzo ſpricht auch das recht, das,* unter Voraussschickung einer längeren Ausführung.
¹⁵ La *Ratgebe in dem rechtin.*
¹⁶ La *muß.*
¹⁷ *ſeyne w. ader t.*] BGLabQS *ſeinen rath.* L *ſyne wort vnd ſynen rat.*

verkouffen, ut xi q. iij c. ‚non licet‘ [71] et xiiij q. v ‚non fane‘ [15].¹ (GLabQS).

Gl. ‚feinen rath wol verkauffen‘]² Nota, aduocatus bene³ poteft vendere confilium fuum. (QSZ.)¹

Gl ‚Nu fage du‘] Glofa de procuratoribus,⁵ quod gratis debet procurare, defendere vel agere, vi[de] ibi bar[tolum], qui reprehendit ibi glofam⁶ et concordat hic cum glo[fa]. (S.)

78) I, 61, §. 1 ‚burgen fetezen‘] Intellige⁷ in caufa criminali, fecus in ciuili, jnfra li. ij ar. v˙ in prin[cipio] g[lofe]⁹ et li. i ar. lxvij¹⁰ in glo[fa].¹¹ (GLabQSWZ.)

79) §. 4 ‚befchelden‘] Nota, hie hoftu, das der vneliche¹² nicht kan¹³ vorfpreche gefin, fo¹⁴ man on an feynem rechten befchelden mag, Supra ar. xxxvj. (GLbQSWZ.) Vgl. oben Nr. 65.

80) I, 62, §. 1 ‚zcu eyner clage‘] Sic communiter¹⁵ litis contestatio eft formale principium iudicij, quod per partes remitti non poteft, ut in fpe[culo] ‚de fe[ntentia] prola[ta]‘ [Lib. II. Part. 3] §. ‚iuxta‘ [8]¹⁶ ‚quid fi de parcium.‘¹⁷ (SWZ.) Aus der Stendaler Glosse zum lateinischen Text.

81) §. 3 ‚drey fchillinge‘] Dorbie¹⁸ faltu vernemen,¹⁹ das man vmbe alle ander boffe²⁰ broche,²¹ id eft²² geringe broche auch fal mit dren fchillinge wetten eyme iczlichen richter. vnde das heift²³ die cleyne buffe. Abir vmbe groffe broche, alfo totflag vnd

---

¹ et bis ‚non fane‘ fehlt L, wo der Inhalt der folgenden Addition in deutscher Fassung hinzugefügt wird: fo mach ok finen rat vorkopen eyn aduocate.
² So in B. In D fehlt das betreffende Stück der Glosse.
³ bene fehlt Q.
⁴ Wegen QS vgl. oben N. 13 zur vorigen Seite, wegen L N. 1.
⁵ S fh. dicit.   ⁶ ibi glofam] S in glo[fa].   ⁷ BLS Intelligitur.
⁸ Z iij.   ⁹ Z fh. vbi limitatur.   ¹⁰ S lxv.
¹¹ et bis gl. fehlt L. BSWZ fh. et wich. ar. xxvij (WZ xxvi, S xx) in glo[fa].
¹² St vnechte.   ¹³ LWZSt mach (mag).
¹⁴ BGSWZ fint. St fint dat. L dar vmme dat.
¹⁵ BLSWZ de iure communi. Ebenso die Stendaler Glosse.
¹⁶ LSW fh. verfi[culo]. BZ fh. ver[ficulo] fed‘.
¹⁷ Durandi Speculum (S. 257, N. 17) l. c. p. 439, col. 1, Nr. 15.
¹⁸ L Hir.
¹⁹ Dorbie f. vernemen] GLa Nota hic, das du hir bir fall vernemen.
²⁰ GLabWZ bloß.   ²¹ SWZ geruffte.   ²² L vnd.
²³ das heißt] L dar vmme het dat. Z fh. dicke.

fleischwunden saltu[1] *wetten*,[2] *alſo du hoſt*[3] *li. iii ar. lxiiij.* (GLabQSWZ.)

82) §. 4 ‚*ane ſchaden*'] *Contra*[4] *li. ij*[5] *ar. xxxvj.*[6] *do ſpricht die gloſe:*[7] ‚*irloubit der richter*" *widder recht, ſeyne irloubunge entſchuldiget den cleger nicht.*' *ibi vide in g*[loſa].[9] (GLbQSWZ.)

I, 63, §. 1 ‚*houbtloche*'][10] *Das iſt bey dem obirſten loche*[11] *ſeines cleides ader bey*[12] *dems kollner.*[13] (GLabQSWZ.) Letzte Addition in Q.

I, 66 Gl. ‚*Wanne her danne durch vngehorſam alleyne vorueſt wart*'] *Hir ſpricht her nu, was eynem dy veſtunge, do her vnbenumet iſt ynkommen, ſchade.*
I, 68, §. 2 ‚*Wer den andern*'] *Concordat li. iij ar. xvij.* (Z.)

83) ‚*mit knutteln*'][14] *wer abir*[15] *den andern ſchilt ader login ſtrafft,*[16] *der gebit ym ſeyne buſſe, li. ij ar. xvj.* (GLbS.)

84) ‚*ane fleiſch wunden*'] *Hat her aber fleiſch wunden, ſo verluſt her*[17] *die hant, li. ij ar. xvj.*[18] *her vorluſt domit ſeynen lip nicht, li. iij ar. xxxvij et li. ij ar. xvj in fi.*[19] (GSWZ.)

§. 3 ‚*vahn zcu kampfe*'] *Daz iſt in kanthaſter tat vorbrengen vnd ſelbſibinde geczugen, vt wich. ar. xxvi* ‚*Nu horit*'. (Z.)

85) I, 69 ‚*man*'] *Thar her vor*[20] *angiſt ſeynes libes nicht vorkomen*[21] *vnde en bereden, ſo gebe her dem richter ſeyn gewette vnde thu, alſo du haſt jnfra li. ij ar. xiiij.* (GLbSZ.)

86) I, 70, §. 1 ‚*uff gut*'] *Wie hers entreden ſal, vide lehnr. c. xliij.*[22] (GLbSZ.)

---

[1] GQSWZ *ſal man.*   [2] *ſaltu wetten* fehlt La. L *wedde.*
[3] *du hoſt*] L *ſteit.*   [4] Z *Concor*[dat].   [5] BSWZ *iij.*
[6] D *xxvj.*   [7] *do bis gloſe*] G in *gloza, dy ſpricht.*
[8] L fh. *wat.*   [9] *ibi bis g.* fehlt L.
[10] LbQ schicken voran: *Alij habent:* ‚*bie deme houpt gate*'. Homeyer, N. 7 ad h. l.
[11] St *hale.*   [12] Q *von.*
[13] GLbQ *kolnere.* A *goller.* Z *koller.* St *kraghen.* La giebt von der ganzen Addition nur die Worte: *ader kolner.*
[14] In G hinter der folgenden Addition dem Texte eingereiht. In S zur Glosse gestellt.
[15] *wer abir*] G *Adir wer.*   [16] L *het.*
[17] *Hat her* bis *her*] L *dede enen fleſchwundet, de vorluſt.*
[18] D *xxxvij.*   [19] *li. iij* bis *in fi.* fehlt L.
[20] BGLb *von.*   [21] BSZ *bekennen.*
[22] G fh. *et li. ij ar. vj.*

Gl. „vrbare‘]¹ Id eſt² nutcz, et ideo habent aliqui³ expreſſe „von nutcze.‘⁴ (GLbSWZ.)

87) Gl. „die nicht dingpflichtig ſin‘] Nota, der⁵ Iſt dingpflichtig, der do zcu dinge geladen iſt, ader der do eynen⁶ zcu dinge geladen hat, wich. ar. xlvj et lehnr. c. lxv⁷ in glo[ſa]. (GLbS. — Z zweimal.)

B Hir enden ſich addiciones des erſten buches, vnd folgen hirnoch addiciones des andern buches. L Dyt ſint de additiones vp dat ander boeck.

Zweites Buch.

1) II, 1 „So ſich furſten‘]˜ An iuramentum vniuerſitatis tranſſeat ad ſucceſſores, vi[de] in queſtione dominicali,⁹ que incipit „Bononienſes.‘¹⁰ ibi concluditur:¹¹ filij ex contractu patris poſſunt conveniri, non tamen ſunt periuri ex iuramento paterno, cum periurus dici non poſſit, qui non iuravit.‘¹² (SW. — Z in deutscher Fassung.) Aus der Stendaler Glosse zum lateinischen Text.

2) Gl. (Citat) §. „conuenticulas‘] Conuenticulas quoque omnesque coniuraciones¹³ in ciuitatibus, et extra, eciam occaſione parentele, et inter ciuitatem et ciuitatem,¹⁴ et inter perſonam et perſonam omnibus modis fieri¹⁵ prohibemus. ſingulis coniuratorum¹⁶ pena vnius libre¹⁷ auri ponenda eſt.¹⁸ tex[tus] [nämlich Feud. II, 53, §. 6].¹⁹

---

¹ D lieſt „erbe‘.
² Id eſt] WZ vrbar iſt alſo vil, alſo. S stimmt mit B.
³ GLb alij.   ⁴ „von nutcze‘] WZ „nutz‘.
⁵ Nota, der] D Non dicitur.   ⁶ A fh. dingpflichtigen.   ⁷ Lb lxx.
⁸ In D ohne Stichwort an den Fuss der Glosse zu II, 1 gestellt.
⁹ Von Bartholomeus Brixiensis. Sitzungsberichte C, 896.
¹⁰ Die Stendaler Glosse fh. et eſt xxxviij.
¹¹ SW fh. quod.
¹² Vgl. das Kieler Manuscript Cod. Bord. 24 Blatt 178ᵇ, Sp. 2. Steffenhagen und Wetzel, Die Klosterbibliothek zu Bordesholm. Kiel 1884. 8⁰. S. 31.
¹³ BS communicaciones. L comminationes.
¹⁴ et ciuitatem fehlt D.   ¹⁵ D ſiue.   ¹⁶ BSW coniuratoribus.
¹⁷ D libri. — pena vnius l.] BSW pro pena libra.
¹⁸ ſingulis bis eſt fehlt L. Vgl. jedoch unten S. 283, N. 3 a. E. ponenda eſt] Steudaler Glosse puniendis.
¹⁹ tex[tus] fehlt DLS.

Similiter[1] *eciam prohibentur coniuraciones negociatorum,*[2] *ut videlicet res certo precio et non minori vendantur,*[3] *C. ,de monopo-[liis]'* [IV, 59] *l. i.* (SW. — Z deutsch gefasst).[4] Beide Absätze aus der Stendaler Glosse.

II, 2 Gl. ,*alſo is bedemmerte das gut vorwerit*'] *Alſo der tag, do mete verwerit daz gut.*

3) II, 4, §. 2 ,*hat der richter gewunnen, vnde nicht der cleger*'] *Contra li. iij ar. ix. do ſpricht her,*[5] *der cleger ſulle is haben. Sage,*[6] *das her hie ſagit von eyme, der do vorueſt iſt, dor uber*[7] *wirt yenner nicht vorueſt.*[8] *dorvmbe ſal der cleger dorte das wergelt haben, hir aber der richter.* (GLbSW. — Z zweimal.)

II, 5, §. 1 ,*gerichte*'] *Drey hogiſte wetten macht ein halb wergelt, wich. ar. xlvi in glo*[ſa]. *Daz iſt war, her hette denne den hantfreden glabit vnd ſelbiſt gebrochen, vt wich. ar. lxxxiiij et xlvi in glo*[ſa] *etc.*

4) §. 2 ,*die man vor gerichte gewint*'] *Nota, debitores non ſunt cogendi gladio aut metu ſoluere, ſed ordine iudiciario, ut in l. ,negantes'* [9] *C. ,de acci*[onibus] *et obli*[gacionibus]' [IV, 10]. *ffallit hoc, ſi debitor fuit*[9] *fugitivus, ut in l. ,ait pretor'* [10] §. *ſi debitorem'* [16] *ff ,de hijs, que in frau*[dem]' *etc.* [XLII, 8].[10] (SWZ.) Aus der Stendaler Glosse.

5) II, 6, §.2 ,*Alle vorguldene ſchult*'] *Nota, quod*[11] *allegans ſolucionem debet illam*[12] *probare. hoc de iure magd*[eburgenſi][13] *verum, ſi reus dicit,*[14] *actori ſolucionem fore factam, ſecus ſi tercio.* (SWZ.) Aehnlich die Stendaler Glosse. Sitzungsberichte C, 925, Nr. 34.

---

[1] L *ſic.* [2] L *mercatorum.*
[3] D *videantur.* — *ut bis vendantur*] L *quo certo precio aliquam rem vendi volunt.* Stendaler Glosse *ſ*[cilicet] *vt ſpecies diuerſorum corporum negociationis non minoris precij, quam inter ſe ſtatuerint, renundentur.* L fb. *pena eſt libra auri.* Vgl. oben N. 18 zur vorigen Seite.
[4] BLW vereinigen die beiden Absätze der Dresdener Handschrift zu einem Stück.
[5] Z *der text.* [6] Z *Sol*[utio].
[7] *dor uber*] GLbWZ *dort* (W *da*, Lb *dor*) *abir.*
[8] *wirt bis vorueſt*] Z *von einem vnuerfeſten.* [9] SWZ *fuerit.*
[10] In L verändert und verkürzt: *Nota, debitores cogi Juditiario ordine, non metu nec gladio, niſi fuerit in fuga, in l. ,ait pretor'* [10] § ,*ſi debitorem'* [16] *ff ,de his, que in fraud*[em]' [XLII, 8].
[11] *Nota, quod*] SWZ *et.* Mit der vorhergehenden Addition vereinigt.
[12] S *iam.* [13] *de iure magd.*] LSWZ *dicunt magdeburgen*[ſes].
[14] D *dedit.*

§. 4 ‚gabe‘] *Concordat lehenre*[cht] *arti. xvij* ‚*Welches mannes gut‘ et lo* ‚*Wirt‘* in *glo*[*ſa*], *li. iij ar. lxxxij* ‚*Wer ſin recht‘* in *glo*[*ſn*] *vlti. et wich. ar. xxix* ‚*welch man‘*.

II, 8 ‚*vorgeladen‘*] *vt li. i*[1] *ar. lxij in glo*[*ſa*].[2] (GZ.)

II, 11, §. 1 ‚*dem richter‘*] *vnd nicht dem ſcheideſrichtere.*[3] (G.)

6) ‚*deme manne ſeyne buße gebin‘*] *Vornym vor gerichte*,[4] *ader*[5] *nicht vor den ſcheideſluten.*[6] (GLb.)

7) §. 2 ‚*des eydes‘*] *Idem eſt, wanne eyner eyne ſache geczugen wil vnde brenge*[7] *ſeyne geczugen*,‘ *wil yenner der geczugunge*[9] *nicht horen, ſo hat her yennen*[10] *oberwunden. wanne wo gliche ſache iſt, do iſt auch gleich recht, li. i*[11] *ar. iiij, vj et ix.*[12] (LbSWZ.)

BLZ fh. *Concordat wich. ar. xcij*[13] *et ſequenti in glo*[*ſa*] *et xv in glo*[*ſn*] *et li. iij ar. xi et wich. ar. xvij.*

8) II, 12, §. 14 ‚*abe laſſen‘*] *Das vornym, wanne die ſcheppen yoworten in das gefundene orteil, ab danne dornach ſich ymant beriffe, dennach*[14] *ſal her nicht abe laſſen, der is gefunden hat. Alſo aber wurde eyn orteil gefunden vnd nicht geyawort,*[15] *danne ſo mag her wol abe laſſen ane ſchaden, ut in contrario.* (SWZ.)

9) Gl. ‚*wanne die volbort vorſprochen*[16] *wurde‘*] *Die vornym, wanne die ſcheppin volborten*[17] *in das gefundene orteil, ab danne ſich dornach ymant beriffe,*[18] *dennach ſul der richter*[19] *nicht abe laſſen, der is gefunden hat. alſo aber wurde*[20] *eyn orteil gefunden vnde nicht gevolbort, danne ſo mag her wol abe laſſen ane ſchaden, ut in contrario.*[21] (GLbZ.) Wörtliche Wiederholung der vorhergehenden Addition.

---

[1] G fh. *ar. liij et.*   [2] *in gl.* fehlt G.
[3] *dem ſch.*] L *den ſchedes luden.* G *vor den ſcheides luten.*
[4] *Vornym v. g.* fehlt BLb.   [5] BLb *vnd.*
[6] *ader* bis *ſcheideſluten* fehlt G.   [7] BLb *brengit.*
[8] D *geczugunge. — brenge ſ. g.*] L *ſine tugen vorbringen.* 8 *brengen ſeyne geczugunge.* WZ *ſeyne geczugung brengen* (Z fh. *wil*).
[9] *der geczugunge*] L *ſe.*   [10] *hat her yennen*] L *is he.*
[11] WZ *ij.* Lb *iii.*   [12] *wanne* bis *ix* fehlt L.
[13] Das Uebrige fehlt L.   [14] L *dar na ſo.*   [15] L *geiart.*
[16] In B zu dem folgenden ‚*wurde‘*. In L zu dem vorhergehenden ‚*volbort‘*. In G iſt die Addition dem Text des nächſten Artikels (II, 13) hinter §. 2 eingeſchaltet.
[17] L *vorwilligen.*   [18] L *beropen wolde.*
[19] *richter* fehlt BGLbZ. *der r.*] L *he.*
[20] L *wert.*   [21] *ane* bis *cmtrario* fehlt L.

II, 13, §. 1 ‚*eyne dube*'] *Eyner mag*[1] *dube*[2] *irkrigen, vnd ift doch kein dip, vt jnfra ar. xxxvi et li. iij ar. v in glo*[ſa] *et wich. ar. xl in glo*[ſa]*.* (Z.)

§. 8 ‚*Welch richter*'] *Nota hic, richteftu nicht obir einen dip, du biſt eyn dip,*[3] *vt jnfra ar. lxiiij*[4] *‚wip vnd mait' in glo*[ſa] *et wich. ar. xi in glo*[ſa] *poft medium. Melius*[5] *wich. ar. xvij in glo*[ſa] *poft principium. Do haftu, wie man on*[6] *obirwinnen*[7] *fal, et xxxvi cum duobus fequentibus.* (Z.)

II, 15, §. 1 ‚*fogethans fache, do her eyne gewere*'] *Was wergelt fie,*[8] *li. iij*[9] *ar. xlv. Wenne vnd wie*[10] *mans*[11] *gelden fal, libro primo ar. lxv.*[12] (LbZ.)

10) §. 2 ‚*Gloubit*'] *Von der gewere zcu thune vnde auch von dems nutcze hoftu jnfra li. iij ar. xiiij.*[13] (GLbSWZ.)

II, 16, §. 1 ‚*eyn iczlich man*'] *Concordat li. i ar. lxviij et jnfra e*[odem] [scil. libro] *ar. xxxiiij et lehenrecht c. lxx*[14] *et wich. ar. lxx*[15] *et lxxix in glo*[ſa] etc. (Z.)

11) §. 8 ‚*Wen*'][16] *A contrario fenfu, fint is vleifchwunden ader kampffbare wunden,*[17] *fo mag her fich nicht ledigen mit flechter buffe, funder mit eyme halben wergelde jn burglicher clage. In pinlicher clage geth is em an die haut, ut e. ar. §. ij.*[18] (LbSWZ.)

12) II, 17, §. 2 ‚*ußnemen*'][19] *wich. ar. lxxv,*[20] *das her em felbfebinde ußzcihin fal, et ibi*[21] *dicitur,*[22] *das der vater den fon driemal ußzcihin mag.* (LbSZ.)

BZ fh. *Item li. ij ar. xvij § penulti. in glo*[ſa] *ibi ‚Das vernym'. nota addicionem fequentem. Nota,*[23] *wurde her*[24] *abir begriffen in hanthafter*

[1] *Eyner mag*] Z *Merck aber, das auch eyner woll mag.*
[2] Z *diebifch gut.* [3] *eyn dip*] Z *fchuldig.* [4] B *lxv.*
[5] Z *Sed melius.* [6] Z *den dyp.* [7] St *auertugen.*
[8] St *ys.* [9] B *iiij.* Lb *i.* [10] *vnd wie* fehlt Lb.
[11] Z *man auch dz wergell.* [12] Z *xlv.*
[13] In B ist nur das Stichwort im Texte markiert, während die Addition dazu fehlt. Vgl. oben §. 6, Alin. 7.
[14] Z *lxxix.* [15] Z *lxxij.*
[16] In L zum Stichwort der vorhergehenden Addition.
[17] *kampffbare ic.*] W *kampffirwunden.* Lb *kamppirwunden.* L *kampwunden.* Z *kampff wunden.* St *kampuerdyghe wunden.*
[18] Das Citat fehlt L. Z fh. *vide lib. iij ar. xxxvij.*
[19] In D falsch zu ‚*vater*' §. 1 gestellt.
[20] Z *lxxvj.* Lb fh. *dicitur.*
[21] Lb *ibidem.* — *et ibi*] Z *vbi.*
[22] *et ibi d.*] L *vnd den fteit.*
[23] *nota* bis *Nota*] Z *wiffe auch.* [24] Z *der fun.*

tat, ader das man¹ yn mit geczugen² anclagete,³ so muste her antwertten, vnd der vater mochte en nicht⁴ vfnemen.

II, 18, §. 1 „*wie*‘] Nota, wil man obir einen rouber adir dip richten, man sal vor beweisen lassen, daz her is sie.

II, 19 Gl. „*wanne her mag is vmbe redeliche sache erbelofs machen*‘] vmbe welche sache, vt li. i ar. xvi in glo[ſa] et lehenrecht c. xxvij in glo[ſa] et lxxij in ylo[ſa] et li. i ar. xxviij in glo[ſa].

13) II, 20, §. 1 „*Vngeczwieter bruder*‘] Nota, secundum magd[eburgenses], vbicunque diſtinctus et jndiſtinctus concurrunt in equali linea,⁵ prefertur jndiſtinctus, et ſic des toden halben ſwester son iſt nicht so nahe, also des toden volle bruder son. Si autem vicinior quis⁶ eſſet, ſit diſtinctus uel indiſtinctus, ille semper⁷ prefertur,⁸ also ,des toden halbe bruder son iſt nehir, danne des vollen ſweſter kindes kint'.⁹ hoc eſt hic contra textum, et dicunt,¹⁰ quod tex[tus] hic et li. i ar. iij §. ij seruatur in lantrecht et non¹¹ in wich[bild].¹² (LaSW.) Aus der Stendaler Glosse. Sitzungsberichte C, 926. Nr. 43.

14) Gl. „*meyn foller bruder iſt nehir*‘]¹³ Secus eſt in patruo, quia¹⁴ excluditur per uterinum. Item secus eſt de¹⁵ affunculo¹⁶ et matertera. ratio diuerſitatis, quia vnum eſt expreſſum in speculo saxonum, aliud non eſt expreſſum.¹⁷ vnde ut¹⁸ filij fratrum equaliter ſuccedunt cum uterino,¹⁹ non autem in²⁰ patruo. (GLabZ.)

¹ das man fehlt B.   ² Z fh. der tod halb.
³ das man bis anclagete] St meth ghetuge an gheclaget.
⁴ Z fh. vortretten nach.
⁵ in equali linea fehlt in der Stendaler Glosse.
⁶ vicinior quis] L quis proximior.
⁷ ſit bis semper fehlt L.   ⁸ L proferreretur.
⁹ Ueber die Quelle dieses Satzes s. Sitzungsberichte C, 906 nebst N. 4.
¹⁰ W fh. Magd[eburgenses].
¹¹ non fehlt LDLaW.
¹² hoc bis wich.] L et hoc secundum wech. magd'.
¹³ In L zu dem späteren ,mynes haluen broder'.
¹⁴ BLGLabZ qui.
¹⁵ BLGLaZ in.
¹⁶ BLGLabZ auunculo.
¹⁷ eſt expreſſum fehlt Z.
¹⁸ eſt expr. vnde ut] BLGLab Expreſſum eſt enim, quod. — vnde ut] Z ſcilicet quod.
¹⁹ BLLaZ uterinis.   ²⁰ Z cum.

Gl. ‚*meyn vetter*'] *Nota hic, in eczlichen ſtetten, als do man magdeburgks wichbilden recht*[1] *helt,*[2] *do helt*[3] *man den halben bruder nehir, danne dy engeczweiten bruderkint. alſo tut man ouch den brudern vor ſones kint. wenne ſie rechen dor den nehſten noch den*[4] *perſonen, Als wer den toden von perſone wegen boben*[5] *der elder kinder vnd brudere vnd ſweſtern nehſt ſin,*[6] *daz dy*[7] *ouch deme erbe*[8] *nehir*[9] *ſin*[10] *vnd teilen ouch daz erbe nach perſonen czal, do doch dy vorgeſchriben*[11] *recht*[12] *kegin ſyn etc.* (LaZ.) Uebereinstimmend mit dem Zusatze der Berlin-Brandenburger Handschrift zu dem in die Additionen (oben Nr. 13) übergegangenen, aber im Baseler Primärdruck fehlenden Excerpt aus der Stendaler Glosse. Sitzungsberichte C, 926, N. 8 mit S. 891, N. 3. Vgl. oben §. 8, Nr. 4.

15) П, 22, §. 5 ‚*mit geczuge*'] *Wanne wer ſich*[13] *geczug vermiſt, volkompt hers*[14] *nicht, ſo mus her wetten vnde buſſen, li. i ar. lxij in glo*[ſa]. *alſo mus diſſer auch thun, der ſich ſelbir oberczugit.*[15] (GLbSW.)

II, 24, §. 1 ‚*czu ſeynen rechten tedingen*'] *Wie man em tedingen ſal, li. i ar. lxvij.*[16] *Daz iſt zu allen drien dingen vnd nicht zu eyme ader zu zweien alleine.* (LbSWZ.)

Gl. (Citat) ‚*ab*[17] *inicio*'] *Et in regula*[18] ‚*non firmatur*' [18] ‚*de re*[gulis] *iu*[ris]' [V, ult.] *li. vi et ff ,de re*[gulis] *iu*[ris]' [L, 17] *l. ,iure'* [206].[19] (G. — SWZ in der Glosse.)

---

[1] *magd. wichb. recht*] La *wichbilde Magdeburgiſch recht.* Z *Magdeburgiſch weychbylde recht.* Die Berlin-Brandenburger Handschrift (Br) fh. *vnd ok in branden*[burgiſchem] *rechte.*
[2] *helt* fehlt B. [3] Br *heet.* [4] Br *der.*
[5] B *beken.* St *bekent.* A *gegen.* Z *vor.* La liest richtig, in Uebereinstimmung mit Br.
[6] Br *ſy.* Z *wer.* Br fh. *hy ſy van getweiler odir vuller bort.*
[7] Z *der.* [8] *deme erbe*] Br *den eruen.* [9] Br *neyeſt.*
[10] Br *ſy.* Z *wer.* Vgl. oben N. 6. *daz bis ſin* fehlt La.
[11] *vorgeſchriben* fehlt La. [12] Br fh. *eyn deil.*
[13] *Wanne w. ſ.*] S *Wenne ſich der.*
[14] BSW *er (her).* G *der.* L *he der.*
[15] *alſo* bis *oberczugit* fehlt BLSW.
[16] Das Uebrige fehlt Lb.
[17] ‚*ab*' fehlt D. [18] Z *c.*
[19] In G verstümmelt: *et c. ‚non firmatur' li. vj.* Das zweite Citat fehlt SWZ.

16) II, 28, §. 3 ‚*bie der weyt*‘] *Das ift, man fal en hengen. das ift dorvmbe, das der doran geerbit hat*,[1] *ut in glo*[ſa].[2] (GLbZ.)

17) II, 30 ‚*geczugen*‘] *Wie man*[3] *geczugen ſal, li. i ar. vij.*[4] (LbS.)

II, 31 Gl. ‚*ab ſie lichte beclait ader begriffen weren*‘] *Adir ap ſie ſich toten bey gefundem libe yn*[5] *vorczwiuelunge.* (LbSZ.)

Gl. ‚*Wiſſe auch, das die bigrafft*‘] *Scilicet quod ſub tecto aut ſub limite extrahuntur*[6] *et non per ianuam deportantur et ſupra raſtrum educuntur et in ſtruno*[7] *ſepeliuntur.*‘ *et illa dicitur ſepultura canina, vt in c.* ‚*placuit*‘ [12] *xxvi q. i* [lies *xxiij q. v*] *etc.* (SWZ.)

II, 34 Gl. ‚*warheit, redelichkeit vnde gerechtickeit*‘] *Tres comites debet habere quodlibet iuſtum iuramentum*,[9] *vt in c. ſi xp̄s*‘ [26] ‚*de iure iuran*[do]‘ [II, 24] *et hic, als* ‚*warheit, redelikeit vnd gerechtikeit.*‘[10] (SZ.)

18) II, 35 ‚*flucht*‘][11] *Nota, hic eſt caſus*,[12] *vbi*[13] *fuga facit quem*[14] *adeo*[15] *ſuſpectum, quod poſſit contra eum*[16] *ferri*[17] *ſententia, de hoc in ſpe*[culo] ‚*de preſump*[cionibus]‘ [Lib. II. Part. 2] §. *ij.*[18] *et habetur hic*[19] *fugiens pro confeſſo, et regulariter fuga nocet, ff* ‚*quod me*[tus] *cau*[ſa]‘ [IV, 2] *l.* ‚*metum*‘ [9] §. *i.*

---

[1] *der bis hat*] BZ *dar an gearbeit iſt.*
[2] *ut in gl.* fehlt BZ.   [3] LbS fh. *is.*
[4] B nur mit Markierung des Stichworts im Text, ohne Addition. Vgl. oben S. 285, N. 13 und §. 6, Alin. 7.
[5] St *van.*   [6] W *extrahantur.*   [7] SW *ſcrinio.*
[8] Z abweichend: *Quia iſti debent ſub tecto domus, ubi ſibi mortem conſciuerunt, deijci uel ſub limine domus extrahi & ſupra raſtrum educi & comburi aut ſepeliri in campo.*
[9] *Tres* bis *iuramentum*] Z *Nota, iuramentum debet habere hos tres comites.*
[10] *et* bis *gerechtikeit* fehlt Z.   *als* bis *gerechtikeit* fehlt S.
[11] In D steht die Addition am Fusse der Glosse des vorhergehenden Artikels.
[12] *hic eſt caſus* fehlt L.   [13] LZ *quod.*
[14] *quem* für *aliquem.* D *quam.*
[15] L *ita.*   [16] Z *ipſum.*   [17] B *fieri.*
[18] Die Stendaler Glosse fh. *per Jo*[annem] *an*[drée] *in add*[icionibus]. Durandi Speculum (oben S. 257, N. 17) l. c. p. 381, col. 1, Nr. 3 am Ende.
[19] L *et.*

vi[de] *in ar. ſeq*[uente] *ibi de hoc.*¹ (SWZ.) Aus der Stendaler Glosse zum lateinischen Text.

19) II, 36, §. 1 ‚*geczug*‘] *Wie hers geczugen ſal, li. iij ar. iiij.* (LbSZ.)

20) II, 41, §. 2 ‚*drie gewette ader eyn wergelt*‘]² *Merke diſſen text am ende,*³ *wie meynt hers, nach demmale das der richter nurt hat*⁴ *ſeyn gewette in dem gerichte, vnde der cleger hat*⁵ *ſeyn wergelt vnde ſeyne buſſe? Sage, der richter hat auch in eyner ſachen wergelt, das iſt, wanne eyn verueſt man ſich ußzeihen wil vnde ſetczt dem Richter burgen vorzcukomen. kompt her danne nicht, ſo nympt*⁶ *der richter vnde nicht der cleger, das were*⁷ *eyn wergelt,*⁸ *wanne die clage get an den hals, ut Supra e. li. ar. iiij et x in glo*[ſa]*, jm Richtſtige c. xxxiij. Diſſe burgeczog mag der Richter entpfan ane des clegers wille.* (GLbSWZ.)

21) Gl. ‚*drie gewette vnd eyn wergelt*‘] *Vornym*⁹ *eyns tags, lehnr. c. lxix*¹⁰ *et lxviij*¹¹ *et Supra li. i ar. lxij.* (GLb.)

II, 42, §. 1 ‚*gliche*‘] *Daz iſt*¹² *bynnen*¹³ *iare.* (GZ.) Vgl. Homeyer, N. 8 ad h. l.

22) §. 3 ‚*vorſigelt*‘] *Quibus ſtatur*¹⁴ *contra dominum et preiudicant*¹⁵ *ſibi ut confeſſo,*¹⁶ *ut in c.* ‚*ſi caucio*‘ [14]¹⁷ ‚*de ſi*[de] *inſtru*[mentorum]‘ [II, 22]. *et idem eſt, ſi dominus alteri tradidiſſet*¹⁸ *ſuum ſig*[illum]. *Confidit enim quis de illo, cui*

---

¹ *§ i bis hoc* fehlt L. *vi*[de] *bis hoc* fehlt Z. Statt deſſen BSW *et hic* (S *hec*). Die Bezugnahme der Dresdener Handschrift auf den ‚folgenden‘ Artikel, d. h. II. 35, erklärt ſich aus der Stellung der Addition (oben N. 11 zur vorigen Seite).
² In BSWZ ist die Addition mit der Glosse zu II, 41 verbunden.
³ *Merke bis ende*] BGLbSWZ *Mercke, er ſait hie* ‚*eyn wergelt*‘ (GLb von *eyme wergelde*).
⁴ *nurt hat*] BGLbSWZ *nicht en* (Z *nichts*) *hat denne*.
⁵ Z *fh. vnd behelt.* ⁶ BGLbSWZ *gewynnet*.
⁷ BGLbSW *wirt.* ⁸ *were eyn w.*] Z *bürgniſs vnd wergelt*.
⁹ B *Adde.* GLb *Intellige.* ¹⁰ G *lxv.* ¹¹ G *lxvj.* Lb *lxii.*
¹² *Daz iſt*] Z *Vornym diſs.* G *fh. beyde.*
¹³ A *bey.* Z *fh. eynem.*
¹⁴ *Quibus ſtatur*] BLSW *Nota, quod ſtatur ſigillo domini.*
¹⁵ BLSW *preiudicat.*
¹⁶ BL *confeſſio.* Ebenso die Stendaler Glosse.
¹⁷ D ‚*canon*‘. ¹⁸ Stendaler Glosse *tradidit.*

figillum tradidit, et totam[1] *voluntatem illi committit, cum in figillo inprimitur*[2] *ymago domini, ,de pe*[nitentia]*'*[3] [C. 33. qu. 3] *dif. i* [lies *ij*] *,principium'* [c. 45],[4] *uel faltem caracteres nominis eius, ,de fi*[de] *inftru*[mentorum]*'* [II, 22] *,inter dilectos'* [6]. *Et figillum, cuius*[5] *non poteft legi fcriptura,*[6] *non probat nec meretur dici*[7] *figillum, notatur in*[8] *c. ,inter*[9] *dilectos'*.[10] *et figilli appenfio*[11] *facit confenfum, no*[tat] *bar-*|tolus][12] *in c. i §. ,preterea'* [5] *,quibus modis feu*[dum] *amittitur'*[13] [Feud. I, 5]. (SW.) Aus der Stendaler Glosse.

23) II, 45 Gl. *,Das ift, der eynen man in keginwertickeit beclagit'*][14] *Ratio, quia*[15] *fugiens judicium videtur de*[16] *fua iufticia*[17] *difcedere,*[18] *xi q. j*[19] *,xpianis'* [c. 12][20] *et*[21] *lxxiiij.*[22] *dif. ,honoratus'* [c. 8].[23] (S.)

Secus ergo, quod poffum debitorem meum fugientem capere[24] *et detinere, donec ipfum ad iudicem perducam, in l. ,ait pretor'* [10] *ff ,que in frau*[dem] *cre*[ditorum]*'* [XLII, 8][25] *§ ,fi debitorem'* [16]. *non tamen poffum ab eo rem per violenciam auferre, ut C. ,de decuri*[onibus]*'* [X, 31] *l. ,generali'* [54] *et in l. ,fciant cuncti'* [IV, 19, 25] *et C. ,vnde vi'* [VIII, 4].[26] Beide Absätze aus der Stendaler Glosse.

---

[1] Die Stendaler Glosse fh. *fuam*.   [2] BSW *imprimatur*.
[3] BSW *,confe*[cratione]*'*. L *,confecra*[tione]*'*.
[4] *,principium'* fehlt BLSW.   [5] D *eius*.
[6] *non* bis *fcriptura*] L *fcriptura legi nequit*.
[7] *meretur d.*] Stendaler Glosse *dicitur*.   [8] BSW fh. *dicto*.
[9] *,inter'* fehlt D.   [10] *nec* bis *,dilectos'* fehlt L.
[11] Stendaler Glosse *appofitio*.
[12] D *bor*. Stendaler Glosse *Bal*[dus].
[13] *no*[tat] bis *,amittitur'* fehlt L.
[14] In L zu *,antwert'* im Text, in S zu *,dingfluchtig'* ebenda.
[15] *Ratio, quia*] L *quod*.   [16] BLS *a*.
[17] D *iudicia*. L *iurifdictione*.
[18] L *decedere*. Stendaler Glosse *diffidere*.   [19] LD *iij*.
[20] D *,xxanus'*.   [21] *xi* bis *et* fehlt BS.
[22] D *xliiij*. BS *lxxxiiij*.
[23] D *,honeratus'*. B *,oneratus'*. S *,orieratus'*. — *,xpianis'* bis *,honoratus'* fehlt L.
[24] D *rapere*.   [25] *,que in frau. cre.'*] D *,qui inftru. re.'*
[26] Das Alinea *Secus* fehlt BS. In L wird es in verkürzter Form an das erste Alinea angeschlossen: *et poteft quis fu*[um] *debitorem fugitivum capere et ad iudicis prefentiam ducere*.

24) II, 51 Gl. „Das ander gebot‘]¹ Quia vim facit, qui contra inhibicionem² facit, ff ‚quod vi aut clam‘ [XLIII, 24] l. i §. ‚quod ficut‘ [lies ‚quid fit‘] [5]. aduerfus violentiam eciam³ parum prodeft cuftodia, ff ‚quod me[tus] cau[fa]‘ [IV, 2] l. ij.⁴ (SWZ.) Aus der Stendaler Glosse.

II, 54 Gl. „Das ift durch das, das vihe fteticlich fchadet‘] Eyn ding muß man⁵ nicht thun durch zukunftigen fchadens wille,⁶ vt hic et wich. ar. czxiiij in glofa etc. (Z.)

II, 60 Gl. „Wie, ab ich yene tete‘] Ap ein man gewant adir ander ding tete czu nehene vnd wurde em geftalen, quid iuris etc.

25) II, 61, §. 5 ‚ledekeyne‘] Das ift, wanne⁷ die faet ⁸ ledigen⁹ hat, das ift, wanne fie gefchoft¹⁰ hat, ader wanne fie bletter hat.¹¹ (GLbS.) Vgl. Homeyer N. 19 ad h. l. Schiller und Lübben, Mittelniederdeutsches Wörterbuch II, 649. 1876. voc. ledich.

B Hie enden fich additiones des andern buchf, vnd volgen hienach additiones des driten buchs. L Sequuntur additiones tercij libri.

Drittes Buch.

1) III, 3 ‚thoren‘] ymmo fententia lata contra furiofum uel bonis interdictum¹² eft ipfo iure nulla, ff ‚de re iudica[ta]‘¹³ [XLII, 1] l. ‚furiofo‘ [9],¹⁴ ‚de fucceff[ionibus] ab intefta[to]‘ [III, 27] c. fi[nali] [3]. (SW.) Aus der Stendaler Glosse zum lateinischen Text.

III, 4 Gl. ‚das eyner, deme eczwas gegebin were‘] vel fic: weme waz¹⁵ gegeben¹⁶ adir verkouft were, der were daz¹⁷ nehr zu

---

¹ In D am Kopf des Textes.
² W prohibicionem. Z fh. aliquid.
³ eciam fehlt L und in der Stendaler Glosse. ⁴ Z xj.
⁵ L fh. dicke. Z fh. offt. ⁶ Vgl. hierzu die Buch'sche Gloſſe.
⁷ BLb fh. daz korn vel (A oder, Lb das ift). ⁸ S fnodt.
⁹ G gelode. BLb geledet. A gelidiget. S geledigt.
¹⁰ B fh. ader gledert (A oder geledet). S fh. ader geledert. G fh. adir gelodirth.
¹¹ wanne fie bl. hat] BGLbS geblettert.
¹² bonis interdictum] L cuius bonis interdictum eft.
¹³ ‚de re iud‘.] Stendaler Glosse im Augsburger Primärdruck corrumpiert: ‚de reg. iuris‘.
¹⁴ Das folgende Citat fehlt L. ¹⁵ Z das. ¹⁶ WZ vorgebin.
¹⁷ Z des.

behaldene, denne is yenner zu verfachene.¹ *Hir kegen ist hiruor* etc. (WZ.) Variation der Buch'schen Glosse.

2) Gl. „wanne is ift nach feyn'"]² Das³ vernym, wanne her das verkouffte ding in⁴ feyner gewere behalden hat,⁵ als *Supra*⁶ li. i⁷ ar. xxxiiij in glo[fa], quia per tradicionem eciam ⁸ extraiudicialem tranffertur dominium, § „per tradicionem' [40] Infti. „de re[rum] diuifi[one]' [II, 1]. (LbSW.)

Gl. „Wer do kouffunge bekent'] vel fic: was einer verkouft ader vergibit, des fal her gewere feyn. (W.)

Gl. „Wanne fage, is en fie'] vel fic: daz her do fait, daz die erben iren meteerben follen gewern, die dorff, dy ym geben fint von⁹ feyme eldervater, dy werden em vor ein teyl feines¹⁰ gutis gegeben. vnd hir fait her etc. (W.) Variation der Buchschen Glosse.

III, 5 Gl. „Hie merke das vnderfcheit dißs artickels'] vel fic: hir mercke vnderfcheit des¹¹ ar., der hiruor ftehit, vnd diffes. Yenner ar. fait von deme antwerttere, der fich czuet an feinen¹² gewern, daz daz angefangete gut feyn bleiben folle. Differ ar. verantwert daz gut alfo, nicht daz is icht feyn fie, wenne her begert, daz hers mit rechte gelofe.¹³ (W.) Variation der Buchschen Glosse.

3) III, 6, §. 2 „befatczt'] Vornym das alfo, wie wol der knecht habe ym uß gedinget¹⁴ vnde befaczt, das der herre om fulde legen¹⁵ vnde gebin¹⁶ alle feynen fchaden vnde alle feyne vorluft, die wile her an feyme dinfte ift,¹⁷ glichwol darff¹⁸ her fulchen fchaden vnde vorluft, alfo hir in dem texte ftehit, nicht legen¹⁹ etc. (GLabSWZ.)

BGLabSWZ fh. Racio, wenne daz²⁰ ift feyn guter wille vnd feine fchult.

---

¹ W uorftehne. Die letzten Worte fehlen WZ.
² In L zu dem vorhergehenden „gheweren'. ³ B vel. ⁴ L by.
⁵ L hedde. ⁶ D jnfra. BLLbS contra (LbS fh. Supra).
⁷ W ij. ⁸ eciam fehlt B. ⁹ W adir.
¹⁰ W eyns. ¹¹ W diffes. ¹² W eynen.
¹³ W fh. Hyr mercke dreyrley ftucke, wie in der Buch'schen Glosse.
¹⁴ Z gedient. ¹⁵ L leggen. S legin. BLaW legeren. Z wegeren.
¹⁶ vnde gebin fehlt BGLabSWZ.
¹⁷ die wile bis ift fehlt BLabSWZ.
¹⁸ L dorft. ¹⁹ S legin. BLaW legern. Vgl. oben N. 15.
²⁰ WZ do.

Gl. „*ader ab fie der egnanten ingefinde*'] vel fic: *daz fie dem gefinde feyn nottorft mete koufften, ader ap¹ etc.* (W.) Variation der Buch'schen Glosse.

4) III, 31, §. 1 „*antwerten*'] *Das vornym,² ab man auch deme erben³ nicht⁴ gloubit hette.⁵ wer do eyme icht⁶ nymmet, der pflegit⁷ deme erben nichtif nicht⁸ zcu glouben⁹ vnde mus em¹⁰ doch dor uor antwerten, ut hic.¹¹* (GLbSWZ.)

Gl. „*wie en fullen die erben*'] *Nota hic, das dy erben den fchuldigen nicht dorffen irynneren¹² noch toder hant, fundern man muß fie irynnern¹³ uff des vaters fchult, vt hic, vide proceffum etc.*

III, 32, §. 8 „*her nympt*'] vel fic: *her nympt fein erbe noch feyme tode vnd feine kinder, ap fie noch em gehoren,¹⁴ dimittendo vnd erbit is.*

5) III, 47 Gl. „*das die buffe gliche¹⁵ groß feyn fulle*'] *Dis vornym, wanne man pynlichen claget, fo henget man vnder wilen eynen, vnde vnder wilen fo flet man en zcu der ftuppen,¹⁶ li. ij ar. xiij.¹⁷* (GLbSW.)

III, 51, §. 1 „*ftelente*'] *Das fint dy enten, do man wilden¹⁸ enten mit ftellit.* (SW. — Z in der Glosse.) Vgl. oben §. 8, Nr. 3 nebst N. 6, 7.

„*hobewart*'] *Id eft der hunt in deme hufe des mannes.*¹⁹ (GSW.) Schiller und Lübben, Mittelniederdeutsches Wörterbuch II, 325. 1876 voc. *hofwart*.

§. 2 „*runcziden*'] *Daz fint roß,²⁰ dy zu ftreite²¹ togen.²²* (SW.) Schiller und Lübben a. a. O. III, 532. 1877 voc. *runtsiden*. Vgl. oben §. 8, Nr. 2, 3 nebst N. 5, 7.

III, 64, §. 8 „*Deme fchulteyfen*'] *Daz fint richter in mergkten.* (Lb.)

---

[1] W fh. *fie*.   [2] GLbWZ *faltu vornemen*.
[3] *erben* fehlt D.   [4] BGLbZ *nichtis (nichts)*.
[5] BLGLbSWZ fh. *wenn (Wente, wann)*.   [6] Lb *recht*.
[7] Z fh. *ya gewiflich*.   [8] *nicht* fehlt BGLbSWZ.
[9] L *geuende*. Z *gelden*.   [10] *em* fehlt LG.
[11] *ut hic* fehlt LZ.   [12] *dorffen irynneren*] St *bewifen*.
[13] *fie irynnern*] St *dat bewifen*.   [14] St *geboren*.
[15] „*gliche*' fehlt D.   [16] *zcu der ft.*] A *mit zutten*.
[17] Das Sachsenspiegelcitat fehlt G, wo die Addition ausnahmsweise an den Rand geschrieben ist.
[18] SW *ander*. Ebenso die Tzerstedische Glosse. Sitzungsberichte CVI, 211.
[19] G kürzer: *id eft den huß hunt*.   [20] St *perde*.
[21] W *czufchte*. S *czofte*.   [22] St *dhenen*.

6) §. 9 ‚*Deme belehnten voyte*‘] *Vnde das fint gogreuen, die man zcu langer zceit keuft, der ift nu nicht,*[1] *ut li. i ar. lviij*[2] *in glo*[fa]*.* (GLbSWZ.)[3]

III, 69 Gl. Am Ende ‚*etc.*‘] *Nota hic partem glofe fuper articulum lxix pertinentem ad finem illuc, videlicet ‚vnd vinden‘ etc.* [§. 3]. *Diß ift widder das keiferrecht, das fpricht, der richter folle dy orteyl felber vinden, u. s. w. bis Wenne das orteil ift allerlobelichft, daz von vil luten gegeben wirt vnd gefulbort, vt* (Citato). Dieses nachgetragene Stück der Buch'schen Glosse fehlt an der betreffenden Stelle in den Bocksdorf'schen Drucken, wie in D, wo die Glosse zu §. 2 ‚*Sitczende*‘ abbricht.

7) III, 73, §. 1 ‚*Nympt aber eyn frie fcheppinbare weib eynen birgelden*‘] *alfo hie faltu den text nicht anders han, danne alfo her hie ftet.*[4] *eczliche bucher haben: ‚nympt das fcheppinbare*[5] *weib eynen birgelden‘. die haben vnrecht, wanne is ift widder den latinifchen text,*[6] *vnde auch dor vmbe, das das ammecht ift der manne ammecht,*[7] *ut dicit glo*[fa] *hic in prin*[cipio]. (SW. — In Z verändert und weitschweifiger.)

8) §. 2 ‚*die dinftman*‘] *Dinftman, id eft die eygen. abir*[8] *fage, her heift hie die dinftman, die do dynen vmbe ir gut, ut jnfra*[9] *glo*[fa]. (LbW.)

9) §. 3 ‚*ire burtmit*‘] *Das ift, fie geben irem*[10] *hern eyne gabe vnde muffen das myten, das fie mogen man genemen, vnde das heift merces copulacionis.* (GLbW.) Schiller und Lübben, Mittelniederdeutsches Wörterbuch I, 450. 1875 voc. *bumede*. Vgl. *Dn.* im Text (Homeyer N. 29 ad h. l.).

---

[1] *der* bis *nicht* fehlt G.
[2] B *lvij*. Ebenso Lb ursprünglich, aber mit nachgetragenem *i*.
[3] In G steht die Addition ausnahmsweise am Rande.
[4] *alfo* bis *ftet* fehlt SW. Statt dessen setzt S: *In ar. lxxiij faltu habin in principio: ‚Nympt eyn fcheppenbar frey man eyne birgelde‘*. Die Bemerkung trifft nicht die Lesung der Dresdener Handschrift, welche im Folgenden verworfen wird, sondern die des Baseler Primärdrucks: ‚*Nimpt abir eyn fcheppenbar frei man eyne birgelde*‘ (Homeyer N. 2 ad h. l.).
[5] SWZ fh. *frey*.
[6] Der Lateinische Text des Sachsenspiegels lautet in Uebereinstimmung mit der Deutschen Lesart der N. 4: ‚*Si vero pagana aut villica bannito copuletur*‘ (Homeyer a. a. O.).
[7] W fh. *vnd nicht der wyber.*   [8] BLbW *Ader*.
[9] BLbW fh. *in*.
[10] D statt *geben irem* zweimal *irem*.

10) ‚ire man'][1] *Idem eſt,*[2] *ſi maritus repudiat uxorem, quod tunc temporis licuit fecundum iura flauorum.* (GLb.) Letzte Addition in B.[3]

11) III, 76, §. 2 ‚*der man*'] *Nota, das weib erbit keyne farnde habe bie des mannes lebin, ane alleyne*[4] *gerade vnde eygen, vide li. i ar. xxxi in prin*[cipio] *glo*[ſe].[5] (LbSW.)

12) III, 77, §. 1 ‚*Tvt eyn man*'] *Du ſalt den text alſo vornemen:*[6] *wanne eyn man nympt eyne wittewe,*[7] *die do ackerhat,*[9] *tut danne der man*[10] *den acker uſz,*[11] *wanne danne die wittewe ſtirbit,*[12] *ſo ſal der man, der den acker gemyt hat, den erben, uff die*[13] *der acker gefellit,*[14] *widder gebin,*[15] *vnde die erben ſullen deme mittere gebin ſulchen*[16] *zcinſs, alſo her yeme gebin ſulde, do her en vmbe vormit.*[17] *ab auch das des myters ſchade were, ſo mus hers glich wol thun, ut hic dicit glo*[ſa] *in fine.* (GLbWZ.) Letzte Addition in L.

13) III, 83, §. 2 ‚*gewern*'] *Das ſaltu vornemen von lehngutern nach lute des latiniſchen textes.*[18] (GLab.) Letzte Addition in La.

14) §. 3 ‚*die wile das her lebit*'] *Intellige ante tradicionem iudicialem, uel intellige, ſi tale pactum factum eſt inter partes, alias ſufficit vnus annus, Supra e. ar. § proximo. uel intellige hic textum contra abſentem, ut wich. ar. xxi in glo*[ſa]. (GLbW.) Letzte Addition in DG.[19] In W steht die letzte Addition zu III, 88, §. 5 ‚*volkommen*'.

---

[1] In D zu ‚*wendiſch*'. [2] *Idem eſt* fehlt B.
[3] B schliesst hier mit *Finis feliciter.*
[4] *ane alleyne*] L *ſunder.* [5] *in pr gl.* fehlt L.
[6] *Du* bis *vornemen*] L *Vornim deſſen ar. alſo.*
[7] Z fh. *Aber herciderumb eyn fraw einen man.*
[8] Z fh. *eygen.* [9] Z *hetten.*
[10] *der man*] Z *yhr eins.*
[11] Z fh. *vmb zynſe, dem man yhme dauon geben ſolt mit yhenes willen.*
[12] *wanne danne* bis *ſtirbit*] Z *Stirbet dan daſs, des der acker eygen waſs.*
[13] L fh. *dar.* [14] L *vpp ſolt.* GWZ fh. *den acker.*
[15] Z *laſſen.* [16] Z *ſouill.*
[17] *her yeme* bis *vormit*] L *me iennen geuen ſcholde, den en em vormedet hedde.*
[18] ‚*Qui vero alicui pheoda conferat*' u. s. w. (nach dem Augsburger Primärdruck).
[19] G giebt die Addition ausnahmsweise am Rande.

2. Uebersichts-Tafel der Additionen.

Die nachfolgende Uebersichts-Tafel vergleicht den gedruckten Bestand der Additionen mit der handschriftlichen Ueberlieferung, ohne auf diejenigen abundierenden Stücke der Handschriften, welche im Anhang 1 nicht mitgetheilt sind, einzugehen. Bei allen Handschriften, deren Additionen ich (ausser der Dresdener) nicht beziffert habe, ebenso bei dem Zobel'schen Druck bedeutet ein Gedankenstrich (—) das Vorhandensein des betreffenden Stücks, wogegen das Fehlen nicht besonders ausgedrückt wird. Wo die Additionen als Interpolationen zu Text oder Glosse auftreten, ist statt des Gedankenstrichs ein I gesetzt. Zum Text des Sachsenspiegels verweise ich auf die Zahlen der Artikel und Paragraphen, zur Glosse nur auf die Artikelzahlen der drei Bücher, in beiden Fällen ohne die Stichworte. Wegen der Bezeichnung der Handschriften und Drucke vgl. bei Anhang 1 den Eingang am Ende.

Sachsenspiegel	Glosse	Die Drucke			Die Handschriften						
		B	L	Z	D	G	La	Lb	Q	S	W
1. 1		1	1	—	1	1	..	..	—	—	..
	1	..	2	I	2	..	..	—	—	—	—
		2	3	..	3	..	..	..	—	—	—
		3	4	..	4	..	..	..	—	—	—
		4	5	..	5	..	..	—	I	—	..
		5	6	..	6	..	..	..	—	—¹	—
2. §. 1		..	7	..	7	I	—	—	—	—	—
§. 2		6	8	—	8	I	—	—	—	—	—
§. 3		7	..	—	..	I	..	..	—	—	..
§. 4		8	9	—	9	I	..	..	—	—	—
		9	10	..	10	..	—	—	—	—	—
	2	10	11	..	11	..	—	—	—	—	—
		11	12	..	12	..	..	—	—	—	—
		12	13	..	13	..	..	—	—	—	—
		13	..	..	14	I	..	..	—	—	—
3. §. 3		..	14	..	15	..	..	..	..	..	..
	3	14	..	I	..	..	..	..	I	—	

¹ Am Rande und zugleich in der Glosse.

Sachsenspiegel	Glosse	\multicolumn{3}{c}{Die Drucke}	\multicolumn{7}{c}{Die Handschriften}
		B	L	Z	D	G	La	Lb	Q	S	W
	3	15	..	—	16	I	..	—	—	—	—
		16	..	..	..	..	..	..	..	I	I
		..	15	..	17	..	..	..	..	..	..
		..	..	—	18	..	..	..	..	—	—
1. 5. §. 1.		17	16	—	19	I	—	—	—	—	—
		18	17	—	20	..	—	—	—	..	..
§. 2.		19	18	—	21	..	..	..	..	..	..
		20	19	—	..	..	..	..	..	..	..
§. 3.		21	20	—	22	I	—	..	..	—	—
	5	22	..	..	..	..	..	..	..	—	—
		23	21	—	..	I	..	—	—	I	I
		24	22	—	..	I	..	..	..	..	..
6. §. 2.		25	23	—	23	..	..	..	..	..	..
		26	24	..	24	..	..	..	..	..	..
		..	..	..	25	I	..	..	..	..	..
		27	25	—	..	..	..	..	..	—	—
	6	28	26	..	..	..	..	—	—	—	I
		29	27	—	26	..	..	..	..	I	I
		30	28	—	..	..	..	..	..	I	I
7.		31	29	—	..	..	..	—	—	—	—
		32	30	—	27	I	..	—	—	—	—
		33	31	..	..	..	..	..	..	—	—
		34	32	..	..	..	..	..	..	—	—
8. §. 3.		35	33	—	..	..	..	—	—	—	—
		36	34	—	28	I	..	—	—	—	—
	8	37	35	I	29	I	—	..	..	—	..
9. §. 6.		38	36	..	30	..	—	—	—	—	—
	9	39	37	—[1]	31	I	—	—	—	—	—
		40	..	..	..	..	..	..	..	I	..
		41	38	..	..	..	..	..	..	I	I
10.		42	39	—	32	I	..	—	—	—	—
		43	40	—	33	I	..	—	—	—	—
11.		44	41	—	34	I	..	—	—	—	—
12.		45	..	—	..	..	..	..	..	—	—
13. §. 1.		46	42	I	35	..	..	..	..	—	—
	14	47	43	I	36	D?	—	—	—	—	—
	15	48	..	—	..	..	..	..	..	..	..
		49	44	—	37	I	..	..	..	—	—
	16	50	45	..	..	..	..	..	..	I	I

[1] Zweimal.

Sachsenspiegel	Glosse	Die Drucke			Die Handschriften						
		B	L	Z	D	G	La	Lb	Q	S	W
		15	51	..	I	..	..	--	..	..	[	I
I. 16. §. 1.			46	—	38	I	—	..	—	—	—
			52	47	—	..	I	..	..	—	..	..
		18	53	48	—	39	..	—	..	..	—	—
20. §. 1.			54	49	—	40	I¹	—	..	..	—	+
			55	50	—	41	—	—	..	..	—	—
§. 2.			56	51	—	42	..	..	..	..	I	—
		20	57	52	..	..	..	—	..	..	I	—
			58	..	Glosse	..	..	..	..	..	Glosse	Glosse
21. §. 1.			59	53	—	43	I	—	..	—	..	..
§. 2.			60	54	..	..	..	—	..	..	—	—
			61	55	—	44	..	..	..	..	—	—
		21	62	..	..	..	..	—	..	..	..	..
			63	..	—	..	..	..	..	..	—	—
			64	..	..	..	I	..	..	..	—	I
				56ᵃ	I	45	..	—	..	..	—	—
			65	..	—	..	[	..	..	..	I	I
22. §. 1.				56ᵇ	—	46	..	..	..	..	—	—
§. 2.			66	..	..	..	..	—	..	..	..	..
				57	..	47	I	..	..	—	—	—
§. 3.				58	—	48	..	..	..	..	—	—
		22	67	..	..	..	I	..	..	..	I	..
			68	..	..	..	..	..	..	..	..	I
23. §. 2.				59	—	49	I	—	..	..	—	+
			69	60	—	50	I	—	..	..	—	—
		23	70	..	..	..	I	..	..	..	I	I
			71	..	..	51	[	..	..	..	—	—
24. §. 1.			72	61	[	52	I	..	..	..	—	—
			73	62	..	..	..	..	..	..	—	—
§. 2.			74	63	I	53	[	..	..	—	—	—
§. 3.			75	64	..	54	..	..	..	..	—	—
			76	65	I	..	..	..	..	..	—	—
		25	77	66	—	55	..	..	..	..	—	—
			78	..	..	56	..	..	..	..	—	—
		26	79	..	..	57	I	..	..	..	L.²	—
27. §. 1.			80	67	—	58	I	..	..	..	—²	
		27	81	..	..	..	..	—	..	..	..	
28.....			82	..	—	59	I	—	..	..	..	

¹ Alinea 2 am Rande.
² Am Rande und später abermals in der Glosse.

Sachsenspiegel	Glosse	Die Drucke			Die Handschriften						
		B	L	Z	D	G	La	Lb	Q	S	W
I. 29....	28	83	68	—	60	..	—	..	..	—	—
		..	69	..	61	I	—	..	..	—	—
	29	84	..	I	..	..	..	..	..	..	I
	31	85	..	—	62	I	—	..	..	—	—
32....		86	70	..	63	..	—	..	..	..	—
	34	87	..	—	64	I	—	..	..	—	—
		88	..	—	..	..	..	..	..	—	—
36. §. 1 .		89	..	—[1]	65	I	—	..	—	—	—
38. §. 1 .		90	..	—	..	..	..	..	..	..	..
§. 3 .		91	..	..	..	..	..	..	..	—	—
		92	..	—	..	..	..	..	..	..	..
39.....		..	71	..	66	I	..	..	—	..	..
40.....		93	72	I	67	I	..	..	—	—	--
46.....		..	73	..	68	..	..	..	—	—	—
		94	..	I	..	..	..	..	..	—	—
47. §. 1 .		95	..	..	..	I	..	..	..	—	—
		96	..	I	..	..	..	..	—	—	—
48. §. 1 .		97	..	—	69	I	—	..	..	..	..
		98	..	—	..	..	..	..	..	..	..
	51	99	..	..	..	..	..	..	..	—	—
52. §. 1 .		..	74	—	70	I	—	..	..	—	—
		..	75	—	71	..	..	..	..	—	—
§. 4 .		100	..	..	72	..	..	..	..	..	..
53. §. 2 .		101	..	—	73	I	..	..	..	..	—
§. 4 .		102	..	—	..	..	..	..	I.	—	—
54. §. 3 .		...	..	..	74	..	..	..	..	..	..
§. 4 .		...	..	..	75	..	..	..	..	..	..
57		103	..	—	76	..	..	..	..	—	..
59. §. 1 .		104	..	..	..	..	—	..	..	—	..
	60	105	76	..	77	I	—	..	..	—	..
		106	..	—	..	..	..	..	..	—	..
		107	..	..	..	..	..	..	..	—	..
61. §. 1 .		108	77	—	78	I	..	..	—	—	—
§. 4 .		109	78	—	79	I	..	..	—	—	—
62. §. 1 .		110	79	—	80	..	—	..	—	—	—
§. 3 .		...	80	—	81	I	—	..	—	—	—
1 §. 4 .		111	81	—	82	I	..	—	—	—	—
. 63. §. 1 .		112	..	—	..	I	—	..	—	—	—
	66	113	..	..	..	..	..	..	..	..	..

[1] Zwischen Text und Glosse.

Sachsenspiegel	Glosse	Die Drucke			Die Handschriften						
		B	L	Z	D	G	La	Lb	Q	S	W
I 68. §. 2 .		114	..	—	..	..	..	..	..	..	..
		...	82	..	83	I	..	—	—	..
		115	83	—	84	I	..	..	..	—	..
§. 3 .		116	..	—	..	..	..	..	..	..	..
69. . . .		117	84	—	85	I	..	—	—	—	..
70. §. 1 .		118	..	—	86	I	..	..	..	—	..
	70	119	..	—	..	I	..	..	..	—	..
		120	..	—[1]	87	I	..	..	..	—	..
II. 1. . .		..	..	—[2]	1	..	..	..	..	—	..
	1	1	1	—[3]	2	..	..	..	..	—	..
	2	2	..	..	..	..	..	..	..	..	..
4. §. 2 .		3	2	—[4]	3	I	..	..	..	..	..
5. §. 1 .		4	..	..	..	..	..	..	..	..	..
§. 2 .		..	3	—	4	..	..	..	..	—	..
6. §. 2 .		..	4	—	5	..	..	..	..	—	—
§. 4 .		5	..	..	..	..	..	..	..	..	..
8. . . .		6	..	—	..	I	..	..	..	..	..
11. §. 1 .		7	5	..	..	I	..	..	..	—	..
		8	..	..	6	I	..	—	—	..	..
§. 2 .		9	6	—	7	..	..	..	..	—	..
12. §. 14		10	7	—	8	..	..	..	..	—	—
	12	11	8	—	9	I	..	..	..	..	..
13. §. 1 .		12	..	—	..	..	..	..	..	..	..
§. 8 .		13	..	—	..	..	..	..	..	..	..
15. §. 1 .		14	..	—	..	..	..	..	..	..	..
§. 2 .		..	..	—	10	I	..	..	..	..	..
16. §. 1 .		15	..	—	..	..	..	..	..	..	..
§. 3 .		16	9	—	11	..	..	..	..	..	..
17. §. 2 .		17	10	—	12	..	..	..	..	..	..
18. §. 1 .		18	..	..	..	..	..	..	..	..	..
	19	19	..	..	..	..	..	..	..	..	..
20. §. 1 .		..	11	..	13	..	—	—	—	..	..
	20	20	12	—	14	I	—	—	—	..	..
		21	..	—	..	..	..	..	..	..	..
22. §. 5 .		22	13	..	15	I	..	—	—	..	..
24. §. 1 .		23	..	—	..	..	..	..	..	..	..
	24	24	..	[	..	I	..	..	..	..	..
28. §. 8 .		25	..	—	16	L	..	..	..	..	..

[1] Zweimal. [2] In deutscher Fassung.
[3] Deutsch gefasst. [4] Zweimal.

Sachsenspiegel	Glosse	Die Drucke			Die Handschriften						
		B	L	Z	D	G	La	Lb	Q	S	W
II. 30. ...		..	..	..	17	..	..	—	..	—	..
	31	26	..	—	..	..	..	—	..	—	..
		27	..	—	..	..	..	..	..	..	..
	34	28	..	—	..	..	..	..	..	—	..
35. ...		29	14	—	18	..	..	..	..	—	..
36. §. 1		30	..	—	19	..	..	—	..	—	..
41. §. 2		..	..	—	20	I	..	—	..	—	—
	41	31	..	..	21	I	..	—	..	..	..
42. §. 1		32	..	—	..	I	..	—	..	..	..
§. 3		33	15	..	22	..	..	..	..	—	—
	45	34	16	..	23	..	..	..	..	—	..
	51	35	17	—	24	..	..	..	..	—	—
	54	36	18	—	..	..	..	..	..	..	..
	60	37	..	..	..	..	..	..	..	..	..
61. §. 5		38	..	..	25	I	..	—	..	—	..
III. 3. ...		1	1	..	1	..	..	..	..	—	—
	4	2	..	—	..	..	..	..	..	—	—
		3	2	..	2	..	..	—	..	—	—
		4	..	..	..	..	..	..	..	..	—
		5	..	..	..	..	..	..	..	..	..
	5	6	..	..	..	..	..	..	..	..	—
6. §. 2		7	3	—	3	I	—	—	..	—	—
	6	8	..	..	..	..	..	..	..	..	..
31. §. 1		9	4	—	4	I	..	—	..	—	—
	31	10	..	..	..	..	..	..	..	..	..
32. §. 8		11	..	..	..	..	..	..	..	..	..
	47	12	5	..	5	—	..	—	..	—	—
51. §. 1		13	..	I	..	..	..	..	..	—	—
		14	..	..	..	I	..	..	..	—	—
§. 2		15	..	..	..	..	..	..	..	—	—
64. §. 8		16	..	..	..	..	..	—	..	..	..
§. 9		17	..	—	6	—	..	..	..	—	—
	69	18	..	..	..	..	..	..	..	..	..
73. §. 1		..	..	—	7	..	..	—	..	—	—
§. 2		19	..	..	8	..	..	—	..	—	—
§. 3		20	..	..	9	I	..	—	..	..	—
		21	..	..	10	I	..	—	..	..	—
76. §. 2		..	6	..	11	..	..	—	..	—	—
77. §. 1		..	7	—	12	I	..	—	..	..	—
80. §. 2		..	..	..	13	I	..	—	..	..	..
		..	..	..	14	—	..	—	..	..	—